우리말 불설 미륵경

원순스님 역해

우리말 불설 미륵경

도서출판 법공양

* 팔관재계는 십재일인 매달 음력 1일, 8일, 14일, 15일, 18일, 23일,
  24일, 28일, 29일, 30일에 받아 지녀
  부처님의 복덕과 지혜를 닦아나가는 방편이다.

십재일은 나쁜 기운이 드세어 사람의 몸을 해치고 마음을 어지럽힌다.
그러므로 부처님께서는 여덟 가지 계와 한낮이 지나면 음식을 먹지 않는
재법齋法으로 모든 중생이 복덕과 지혜를 길러 세상의 괴로움에서 벗어나게 하였다.

팔관재계八關齋戒의 '관關'은 허물이 일어나지 않게 막는 것이요, '재齋'는 맑고 깨끗한
삶이며 '계戒'란 지켜야 할 것을 말한다. 여덟 가지 계를 잘 지키면 '맑고 깨끗한 삶'의
뿌리가 저절로 형성된다.

【팔관재계】

하루 낮 하룻밤 동안

불비시식不非時食

때가 아니면 먹지 않는 '맑고 깨끗한 삶'을 살아야 합니다.

하루 낮 하룻밤 동안

1. 중생의 생명을 빼앗지 않고 '자비로운 삶'을 살아야 합니다.

2. 도둑질 하지 않고 '마음이 넉넉한 삶'을 살아야 합니다.

3. 인간관계를 나쁘게 맺지 않고 '행복한 삶'을 살아야 합니다.

4. 거짓말하지 않고 '진실한 삶'을 살아야 합니다.

5. 술을 마시지 않고 '지혜로운 삶'을 살아야 합니다.

하루 낮 하룻밤 동안

6. 향수나 꽃으로 몸을 꾸미지 않고 '편안한 삶'을 살아야 합니다.

7. 춤이나 노래로 마음이 들뜨지 않고 '고요한 삶'을 살아야 합니다.

8. 높은 자리에 앉지 않고 '마음을 비우는 삶'을 살아야 합니다.

불기   년   월   일   수계행자 :   印

『 미륵전과 용화전 』

我今 淸淨水 아금 청정수	저희들이 공양 올린 맑고 맑은 물 한 그릇
變爲 甘露茶 변위 감로다	부처님의 가피 입어 감로다가 되었기에
奉獻 彌勒前 봉헌 미륵전	오는 세상 미륵불께 정성 다해 바치오니

願垂 哀納受 원수 애납수	자비로운 마음으로 애틋하게 받으소서.
願垂 哀納受 원수 애납수	자비로운 마음으로 애틋하게 받으소서.
願垂慈悲 哀納受 원수자비 애납수	자비로운 마음으로 애틋하게 받아 주옵소서.

至心 歸命禮 지심 귀명례	현재 계신 도솔천서 미래 세상 용화세계
現居兜率 當降龍華 현거도솔 당강용화	내려오실 자비로운 미륵 여래 부처님께
慈氏彌勒尊 如來佛 자씨미륵존 여래불	몸과 마음 다 바쳐서 지극정성 절합니다.

至心 歸命禮 지심 귀명례	
福緣增勝 壽量無窮 복연증승 수량무궁	복덕 늘고 수명 영원 미륵 여래 부처님께
慈氏彌勒尊 如來佛 자씨미륵존 여래불	몸과 마음 다 바쳐서 지극정성 절합니다.

至心 歸命禮
지심 귀명례

願力莊嚴 慈悲廣大
원력장엄 자비광대

慈氏彌勒尊 如來佛
자씨미륵존 여래불

원력 장엄 자비 광대 미륵 여래 부처님께
몸과 마음 다 바쳐서 지극정성 절합니다.

高居兜率 許躋攀
고거도솔 허제반

遠嗣龍華 遭遇難
원사용화 조우난

白玉毫輝 玄法界
백옥호휘 현법계

紫金儀相 化塵寰
자금의상 화진환

도솔천에 머무르며 더욱 높이 올라가서
용화세계 이어져도 만나 뵙기 어려운 분
하얀 터럭 빛이 나며 온 법계를 비추기에
자금색의 그 모습이 이 세상에 드러나네.

故我一心
고아일심

歸命頂禮
귀명정례

그리하여 제가 지금
몸과 마음 다 바쳐서 지극정성 절합니다.

도솔천으로 가는 길

부처님 가르침은 참 쉽습니다. 부처님 마음만 알면 됩니다. 부처님 마음을 알고 그 마음을 쓰면 바로 부처님이 되기 때문입니다.

미륵경을 읽는 것은 그 자체로 부처님 마음으로 가는 길입니다. 경을 읽다 보면 한 편의 아름다운 영화처럼, 행복한 가르침을 쉽게 전달하는 부처님의 자비로운 마음에 촉촉이 젖어 들지 않을 수가 없기 때문입니다.

반야심경을 이해하지 못하고 선가의 화두를 잡지 않아도, 미륵경을 받아 지녀 읽고 외우고 사경하다 보면, 어느새 황금빛으로 물들어가는 마음 앞에서 행복한 세상이 펼쳐지며 미륵 부처님이 앉아 계십니다.

도솔천의 아름다움과 행복한 삶이 이어지는 용화세계의 즐거움을 장엄하게 보여주며 그 세상으로 가는 길을 환히 열어 주니, 경을 읽을수록 믿음이 커지고 기뻐하는 마음이 절로 날 수밖에 없습니다.

온갖 계율 잘 지키며 법문을 듣고
부처님의 마음자리 사유하면서
아름답고 깨끗한 삶 살아왔으니
이들 바로 도솔천에 올라가리라.

보시 권해 기쁜 마음 내게 해주며
부처님의 마음자리 닦아 가면서
다른 생각 전혀 없는 오직 한마음
이들 모두 용화세계 가게 되리라.

차별 없는 평등심을 늘 가지면서
삼세 모든 부처님을 섬기고 살며
뭇 성현께 지극정성 공양 올리니
이들 모두 행복한 삶 살게 되리라.

모든 것을 아낌없이 베풀어야 한다는 보시, 깨끗하고 아름다운 삶을 살아야 한다는 계율, 열 가지 착한 일을 하게 하는 십선계, 일반불자의 청정한 삶인 오계와 팔관재계를 지니고 산다면 미륵 부처님이 수기하고 오백억 보배로 장엄한 도솔천에 올라 미륵 부처님과 함께 할 것입니다.

끝으로 이 경과 인연을 맺어주신 봉덕사 주지 스님과 모든 불자에게 미륵경 불사에서 나오는 온갖 공덕을 지극한 마음으로 회향하옵니다.

2021년 9월 21일
용문산 용문 선원에서 인월행자 두 손 모음

차례

미륵보살 상생경

미륵보살 하생경

◀ 송경의식 ▶

○ 정淨 구업 진언[1]

수리수리 마하수리 수수리 사바하 (3번)

○ 오방내외五方內外 안위제신安慰諸神 진언[2]

나모 사만다 못다남
옴 도로도로 지미 사바하 (3번)

개경開經 게偈[3]

無上甚深 무상심심	微妙法 미묘법	수승하고 깊고 깊은 오묘하고 미묘한 법
百千萬劫 백천만겁	難遭遇 난조우	백천만겁 살더라도 만나 뵙기 어려우니
我今聞見 아금문견	得受持 득수지	제가 이제 듣고 보고 부처님 법 받아 지녀
願解如來 원해여래	眞實意 진실의	부처님의 진실한 뜻 깨닫기를 원합니다.

○ 개開 법장 진언

옴 아라남 아라다 (3번)

---

1. 입으로 지은 업을 정화하는 진언이다.
2. 위아래 사방팔방 주변의 모든 신을 편케 하는 진언이다.
3. '개경 게'는 경전을 펼치는 게송이며, '개 법장 진언'은 법의 곳간을 여는 진언이다.

미륵보살 상생경

如是我聞
여 시 아 문

一時　佛　在舍衛國　祇樹給孤獨園¹。
일 시　불　재 사 위 국　기 수 급 고 독 원

爾時 世尊 於初夜分 擧身放光 其光金色 遶祇陀園 周遍七
이 시 세 존 어 초 야 분 거 신 방 광 기 광 금 색 요 기 타 원 주 변 칠

匝 照須達舍 亦作金色 有金色光 猶如段雲 遍舍衛國 處處
잡 조 수 달 사 역 작 금 색 유 금 색 광 유 여 단 운 변 사 위 국 처 처

皆雨　金色蓮花　其光明中　有無量百千　諸大化佛　皆唱是
개 우　금 색 연 화　기 광 명 중　유 무 량 백 천　제 대 화 불　개 창 시

言。
언

今於此中　有千菩薩　最初成佛　名拘留孫　最後成佛
금 어 차 중　유 천 보 살　최 초 성 불　명 구 류 손　최 후 성 불

名曰　樓至。
명 왈　누 지

---

1. 기수급고독원은 부처님께서 법을 펼치신 수행 터의 하나로, 사위국에 위치해 있다. '사위'는 달리 말하면 '문물 (聞物)'이라 하니, 이 사위성에는 생활에 필요한 온갖 것과 재물이 가득하고, 또한 부처님의 가르침을 듣고 공부하는 사람들, 욕망과 번뇌에서 벗어난 수행자들이 살고 있어서 먼 나라까지 명성이 자자하다는 뜻이다. 기수급고독원은 부처님 당시 나라를 다스리던 파사익왕의 태자 기타가 소유한 동산이었으나 급고독장자가 그 땅을 사서 석존께 바치고 태자는 그 동산에 있는 나무와 숲을 공양하였으므로 두 사람의 이름을 따라 '기수급 고독원'이라 일컬었다. '급고독(給孤獨)'은 수달장자의 다른 이름이다. '수달'은 범어로 'sudatta'라 하는데 풀이 하면 '좋은 보시'이다. '급고독원'이 곧 좋은 보시이듯 수달 장자는 늘 보시를 실천하며 살았다.

저는 이와 같이 들었습니다.

부처님께서 사위국 기원정사에 계실 때였다. 어느 날 초저녁 부처님 몸 전체에서 황금빛이 나와 일곱 겹으로 주위를 에워싸며 수달 장자의 집도 금빛으로 물들었다. 마치 층계 구름 같은 황금빛이 사위국을 에워싸며 곳곳마다 금빛 연꽃을 하늘에서 쏟아내니, 그 빛 속에 헤아릴 수 없이 많은 부처님이 계셨다. 그분들 모두가 한목소리로 말씀하셨다.

"지금 이 가운데 천 명의 보살이 있는데, 맨 먼저 성불한 이를 구류손 부처님이라 하고, 마지막에 성불한 이를 누지 부처님이라 부를 것이다."

說是語已
설 시 어 이

尊者　阿若憍陳如　卽從禪起　與其眷屬　二百五十人俱
존 자　아 약 교 진 여　즉 종 선 기　여 기 권 속　이 백 오 십 인 구

尊者　摩訶迦葉　與其眷屬　二百五十人俱
존 자　마 하 가 섭　여 기 권 속　이 백 오 십 인 구

尊者　大目犍連　與其眷屬　二百五十人俱
존 자　대 목 건 련　여 기 권 속　이 백 오 십 인 구

尊者　舍利弗　與其眷屬　二百五十人俱。
존 자　사 리 불　여 기 권 속　이 백 오 십 인 구

摩訶波闍波提　比丘尼　與其眷屬　千比丘尼俱　須達長者　與三
마 하 바 사 바 제　비 구 니　여 기 권 속　천 비 구 니 구　수 달 장 자　여 삼

千優婆塞俱　毘舍佉母　與二千優婆夷[1]俱　復有　菩薩摩訶薩
천 우 바 새 구　비 사 구 모　여 이 천 우 바 이 구　부 유　보 살 마 하 살

名跋陀婆羅　與其眷屬　十六菩薩俱　文殊師利法王子　與其眷
명 발 타 바 라　여 기 권 속　십 육 보 살 구　문 수 사 리 법 왕 자　여 기 권

屬　五百菩薩俱　天龍　夜叉　乾闥婆等　一切大衆　覩佛光明
속　오 백 보 살 구　천 룡　야 차　건 달 바 등　일 체 대 중　도 불 광 명

皆悉雲集。
개 실 운 집

---

1. 사부대중이란 남녀 승려와 신도를 이른다. 남자 승려는 비구, 여자 승려는 비구니, 남자신도는 우바새, 여자
   신도는 우바이다.

이 말이 끝나자마자 아약교진여 존자가 이백오십 명의 권속과 함께 선정에서 일어나고, 가섭, 목건련, 사리불 존자도 자신의 이백오십 명 권속과 함께 부처님의 광명을 보고 구름처럼 그 자리로 모여들었다.

마하바사바제 비구니와 그녀의 권속 천 비구니, 수달 장자와 그의 권속 삼천 우바새, 비사구모와 그의 권속 이천 우바이, 발타바라보살과 그의 권속 열여섯 보살, 문수사리보살과 그의 권속 오백 보살, 천인, 용, 야차, 건달바 등 온갖 대중도 부처님의 광명을 보고 구름처럼 그 자리로 모여들었다.

爾時 世尊 出廣長舌相 放千光明 一一光明 各有千色 一一
이시 세존 출광장설상 방천광명 일일광명 각유천색 일일

色中 有無量化佛。是諸化佛 異口同音 皆說淸淨 諸大菩
색중 유무량화불 시제화불 이구동음 개설청정 제대보

薩 甚深不可思議 諸陀羅尼法。
살 심심불가사의 제다라니법

所謂 阿難陀目佉陀羅尼 空慧陀羅尼 無礙性陀羅尼 大解脫
소위 아난타목구다라니 공혜다라니 무애성다라니 대해탈

無相陀羅尼。
무상다라니

爾時 世尊 以一音聲 說百億陀羅尼門。 說此陀羅尼已
이시 세존 이일음성 설백억다라니문 설차다라니이

爾時 會中 有一菩薩 名曰 彌勒 聞佛所說 應時 卽得百萬億
이시 회중 유일보살 명왈 미륵 문불소설 응시 즉득백만억

陀羅尼門 卽從座起 整衣服 叉手合掌 住立佛前。
다라니문 즉종좌기 정의복 차수합장 주립불전

그때 세존의 상서로운 혀에서 온갖 광명이 뻗어 나오니, 하나하나의 광명마다 각양각색의 빛깔이 있고 한 빛깔마다 그 가운데 헤아릴 수 없이 많은 부처님이 계셨다. 이 모든 부처님은 한목소리로 청정한 보살들의 깊고도 불가사의한 다라니 법을 말씀하셨다. 이른바 그 다라니는 아난타목구 다라니, 선정과 지혜의 다라니, 걸림 없는 성품의 다라니, 어떤 집착도 없는 해탈의 다라니였다.

그때 세존께서 오롯한 음성으로 부처님의 세상으로 가는 백억 다라니를 설하였다. 이 다라니를 설해 마치자 그 법회에 있던 미륵보살이 듣고 바로 부처님의 세상으로 가는 백억 다라니를 얻고는 곧 자리에서 일어나 옷깃을 바르게 여미고 두 손 모아 합장하며 부처님 앞에 머물러 서 있었다.

爾時　優波離　亦從座起　頭面作禮　而白佛言。
이 시　우 바 리　역 종 좌 기　두 면 작 례　이 백 불 언

世尊　世尊　往昔　於毘尼¹中　及諸經藏　說阿逸多²　次當
세 존　세 존　왕 석　어 비 니 중　급 제 경 장　설 아 일 다　차 당

作佛。　此阿逸多　具凡夫身　未斷諸漏　此人命終　當生何
작 불　차 아 일 다　구 범 부 신　미 단 제 루　차 인 명 종　당 생 하

處。　其人　今者　雖復出家　不修禪定　不斷煩惱　佛記此人
처　기 인　금 자　수 부 출 가　불 수 선 정　부 단 번 뇌　불 기 차 인

成佛無疑　此人命終　生何國土。
성 불 무 의　차 인 명 종　생 하 국 토

佛　告優波離
불　고 우 바 리

諦聽諦聽　善思念之。　如來　應正遍知　今　於此衆
체 청 체 청　선 사 념 지　여 래　응 정 변 지　금　어 차 중

說彌勒菩薩摩訶薩　阿耨多羅三藐三菩提記。
설 미 륵 보 살 마 하 살　아 뇩 다 라 삼 먁 삼 보 리 기

---

1. 비니는 출가사문이 지켜야 할 모든 계율이다.
2. 아일다는 미륵보살의 다른 이름이다.

1. 미륵보살의 수기

그때 우바리 존자가 자리에서 일어나 머리를 조아려 절을 한 뒤에 부처님께 사뢰었다.

"세존이시여, 세존께서는 예전에 율장과 경장에서 아일다는 미래에 성불할 것이라고 말씀하셨습니다. 아일다는 범부로서 아직 모든 번뇌를 다 끊지 못했는데, 이생의 삶을 다한 뒤 어느 곳에 태어납니까? 이분이 오늘날 출가했더라도 선정을 닦지 않고 번뇌도 다 끊지 않았는데, 부처님께서는 틀림없이 성불할 것이라 수기하시니, 이분은 이생의 삶을 다한 뒤 어느 나라에 태어나는 것입니까?"

부처님께서 우바리 존자에게 말씀하셨다.

"그대들은 자세히 듣고 잘 생각하라. 모든 것을 다 아는 내가 지금 그대들에게 미륵보살이 깨달아 어느 곳에 태어나는지 말하겠다."

此人　從今　十二年後　命終　必得往生　兜率陀天上[1]。
차인　종금　십이년후　명종　필득왕생　도솔타천상

爾時　兜率陀天上　有五百萬億天子　一一天子　皆修甚深檀波
이시　도솔타천상　유오백만억천자　일일천자　개수심심단바

羅蜜　爲供養一生補處菩薩故　以天福力　造作宮殿　各各　脫身
라밀　위공양일생보처보살고　이천복력　조작궁전　각각　탈신

栴檀摩尼寶冠　長跪合掌　發是願言。
전단마니보관　장궤합장　발시원언

我今　持此無價寶珠　及以天冠　爲供養大心衆生故
아금　지차무가보주　급이천관　위공양대심중생고

此人　來世　不久　當成阿耨多羅三藐三菩提。
차인　내세　불구　당성아뇩다라삼먁삼보리

我　於彼佛莊嚴國界　得受記者　令我寶冠　化成供具。
아　어피불장엄국계　득수기자　영아보관　화성공구

---

1. 도솔천(兜率天)은 욕계 육천 가운데 네 번째 하늘이다. 수미산 꼭대기에서 십이만 유순 되는 곳에 있는 하늘로 칠보로 된 궁전이 있고 하늘나라 사람들이 많이 살고 있다. 여기 내원(內院)은 미륵보살의 정토이고 외원(外院)은 하늘나라 사람들이 즐기며 사는 곳이다. 하늘나라 사람의 수명은 사천 년이고 인간 수명의 사백 년이 이 하늘의 하루 밤낮이라고 한다. 사바세계 모든 부처님은 반드시 이 하늘에 계시다가 내려와서 성불한다.

2. 아름다운 도솔천

가. 대중의 원력

미륵보살은 지금부터 십이 년 뒤에 이생의 삶을 다하면 반드시 도솔천에 왕생한다.

그때 도솔천의 오백만억 천자들은 모두 부처님의 세상으로 가는 수행 가운데 하나인 보시를 하고 싶어 하는데, 이는 '한 생을 마친 뒤 성불할 보살[一生補處]'인 미륵보살에게 공양하기 위한 것이다. 그들은 하늘의 복력으로 궁전을 만들기 위해 전단마니보주로 만들어진 보배 왕관을 벗고 장궤합장하며 이렇게 발원한다.

"저희가 지금 값진 보배구슬과 천자의 왕관으로 미륵보살께 공양 올리는 까닭은, 미륵보살이 내세에 멀지 않아 깨달음을 이룰 것이기 때문입니다. 저희가 저 부처님의 장엄한 국토에서 수기를 받을 수 있다면, 저희의 보배 왕관이 궁전으로 변해 공양구가 되게 하여 주옵소서."

如是　諸天子等　各各　長跪　發弘誓願　亦復如是。
여시　제천자등　각각　장궤　발홍서원　역부여시

時　諸天子　作是願已　是諸寶冠　化作五百萬億寶宮　一一寶宮
시　제천자　작시원이　시제보관　화작오백만억보궁　일일보궁

有七重垣　一一垣　七寶所成。
유칠중원　일일원　칠보소성

一一寶　出五百億光明　一一光明中　有五百億蓮華。
일일보　출오백억광명　일일광명중　유오백억연화

一一蓮華　化作五百億　七寶行樹　一一樹葉　有五百億寶色
일일연화　화작오백억　칠보항수　일일수엽　유오백억보색

一一寶色　有五百億　閻浮檀金[1]光。
일일보색　유오백억　염부단금　광

一一閻浮檀金光中　出五百億　諸天寶女。
일일염부단금광중　출오백억　제천보녀

一一寶女　住立樹下　執百億寶　無數瓔珞[2]
일일보녀　주립수하　집백억보　무수영락

出妙音樂　時　樂音中　演說　不退轉地　法輪之行。
출묘음악　시　악음중　연설　불퇴전지　법륜지행

---

1. 염부단금은 사바세계 숲 속을 흐르는 강물 바닥에서 나는 사금인데 적황색에 자줏빛을 띠고 있는 고귀한 황금을 말한다.
2. 영락은 구슬을 꿰어 몸에 달아 장엄하는 기구를 말하는데, 인도의 귀인들은 남녀가 모두 영락을 두르며, 보살도 영락으로 장식, 단장한다.

천자들이 모두 이렇게 원력을 내자, 그들의 보배 왕관이 오백만억 보배 궁전으로 변하고, 보배 궁전마다 담장이 일곱 겹으로 둘러싸는데, 각각의 담장은 모두 칠보로 만들어질 것이다. 하나하나의 보배에서 오백억 줄기의 빛이 흘러나오고, 하나하나의 빛 속에 오백억 송이의 연꽃이 있을 것이다.

하나하나의 연꽃마다 오백억 그루의 칠보 나무들이 나란히 줄지어 늘어서 있고, 하나하나의 나무 이파리마다 오백억 보배로운 색이 있으며, 오백억 보배로운 색마다 세상에서 제일 좋은 금빛을 띠고 있을 것이다.

세상에서 제일 아름다운 하나하나의 금빛 속에서는 오백억 아리따운 천녀들이 나올 것이다. 이 천녀들이 저마다 나무 그늘 밑에서 백억 보배와 헤아릴 수 없이 많은 영락을 가지고 미묘한 곡을 연주하니, 이 오묘한 곡이 흐르면서 '물러남이 없는 영원한 법'을 말하고 있을 것이다.

其樹生果　如頗黎[1]色　一切衆色　入頗梨色中。
기 수 생 과　여 파 려 색　일 체 중 색　입 파 리 색 중

是諸光明　右旋婉轉　流出衆音　衆音演說　大慈大悲法。
시 제 광 명　우 선 완 전　유 출 중 음　중 음 연 설　대 자 대 비 법

一一垣牆
일 일 원 장

高六十二由旬[2]　厚十四由旬　五百億龍王　圍繞此垣
고 육 십 이 유 순　후 십 사 유 순　오 백 억 용 왕　위 요 차 원

一一龍王　雨五百億　七寶[3]行樹　莊嚴垣上。
일 일 용 왕　우 오 백 억　칠 보 항 수　장 엄 원 상

自然　有風　吹動此樹　樹相振觸
자 연　유 풍　취 동 차 수　수 상 진 촉

演說　苦　空　無常　無我　諸波羅蜜。
연 설　고　공　무 상　무 아　제 바 라 밀

---

1. 파려는 일반적으로 무색투명한 유리 수정을 의미하는데, 피리도 같은 말이다.
2. 고대 인도에서 쓰던 거리 단위이다. 소달구지가 하루에 갈 수 있는 거리로서 80리인 대유순, 60리인 중유순, 40리인 소유순의 세 가지가 있다.
3. '칠보'는 일곱 가지 보물인데 금, 은, 유리, 파려, 차거, 하얀 산호, 마노가 이에 해당한다.

또 그 나무에 찬란하게 빛나는 열매가 열리는데, 각양각색의 빛을 뿜어내고 있을 것이다. 이 빛은 오른쪽으로 천천히 아름답게 돌아가며 온갖 소리를 내는데, 그 소리가 모두 부처님의 대자대비를 설법하는 것이다.

궁전의 담장 하나하나의 높이가 모두 예순두 유순이고 두께는 열네 유순인데, 오백억 용왕이 이 담장을 둘러싸고, 용왕마다 오백억 칠보 나무를 나란히 하늘에서 쏟아 내리며 담장 위를 영롱하게 장엄하고 있을 것이다.

자연스럽게 이들 나무에 바람이 불면, 나무들이 서로 부딪쳐 흔들리면서 소리를 내는데, '중생의 삶은 고통이지만[苦], 그 실체는 존재하지 않는 것으로서 텅 비어 있을 뿐이다[空]. 삶 자체에 실체가 있고 변할 게 없다고 착각하고 살아가는 것이 중생의 삶이지만, 중생의 삶 자체는 늘 변하는 것이므로[無常] 여기에서는 변하지 않는 나와 내 것이라고 할 게 조금도 없다[無我]. 이 도리를 철저히 알아야 고통에서 벗어나 부처님의 세상으로 간다.'는 온갖 법을 말하고 있을 것이다.

爾時　此宮有一大神　名牢度跋提
이시　차궁유일대신　명뇌도발제

卽從座起　遍禮十方佛　發弘誓願。
즉종좌기　변례시방불　발홍서원

若我福德　應爲彌勒菩薩　造善法堂　令我額上　自然出珠。
약아복덕　응위미륵보살　조선법당　영아액상　자연출주

旣發願已　額上　自然　出五百億寶珠
기발원이　액상　자연　출오백억보주

瑠璃頗梨　一切衆色　無不具足　如紫紺摩尼　表裏暎徹。
유리파리　일체중색　무불구족　여자감마니　표리영철

此摩尼光　迴旋空中　化爲四十九重　微妙寶宮。
차마니광　회선공중　화위사십구중　미묘보궁

一一欄楯　萬億梵摩尼寶　所共合成
일일난순　만억범마니보　소공합성

諸欄楯間　自然化生　九億天子　五百億天女
제난순간　자연화생　구억천자　오백억천녀

一一天子　手中化生　無量億萬　七寶蓮華。
일일천자　수중화생　무량억만　칠보련화

나. 궁전의 장엄

그때 궁전에 있던 뇌도발제 하늘 신이 자리에서 일어나 시방세계 모든 부처님께 빠짐없이 예를 올리며 큰 원력을 낼 것이다.

"저의 복력으로 미륵보살을 위하여 거룩한 법당을 지을 수 있다면, 제 이마에서 저절로 보배구슬이 나올 것입니다."

이렇게 원력을 내자마자, 이마에서 저절로 오백억 보배 구슬이 쏟아져 나오는데, 그것들은 유리, 수정에 갖가지 빛깔이 다 갖추어진, 겉과 속이 환히 들여다보이는 검붉은 남빛 마니보주이다.

이 마니보주의 빛이 허공을 돌면서 마흔아홉 겹의 미묘한 보배 궁전을 만들 것이다. 보배 궁전 난간 하나하나가 억만 가지 범천의 보배 구슬로 이루어지고, 모든 난간 사이에서 구억의 천자와 오백억 천녀가 나오는데, 천자 한 분 한 분의 손안에서 헤아릴 수 없이 많은 억만 칠보 연꽃이 피어날 것이다.

一一蓮華上　有無量億光　其光明中　具諸樂器。
일일연화상　유무량억광　기광명중　구제악기

如是天樂　不鼓自鳴　此聲　出時
여시천악　불고자명　차성　출시

諸女　自然　執衆樂器　競起歌舞。
제녀　자연　집중악기　경기가무

所詠歌音　演說十善¹　四弘誓願　諸天聞者　皆發無上道心。
소영가음　연설십선　사홍서원　제천문자　개발무상도심

時　諸園中　有八色瑠璃渠。
시　제원중　유팔색유리거

一一渠　有五百億寶珠　而用合成
일일거　유오백억보주　이용합성

一一渠中　有八味水　八色具足。
일일거중　유팔미수　팔색구족

---

1. 몸과 입과 뜻으로 짓는 이 열 가지 좋은 업을 '십선(十善)'이라 한다. 여기에는 몸을 다스리는 네 가지, 입을 다스리는 세 가지, 뜻을 다스리는 세 가지 업이 있다. 몸을 다스리는 네 가지 업은 살아 있는 생명을 함부로 죽이지 말고[不殺生], 남의 소유물을 몰래 훔치지 말아야 하며[不偸盜], 사람들과 잘못된 관계를 가져올 수 있는 어두운 관계를 맺지 말아야[不婬行] 한다는 것이다. 입을 다스리는 세 가지 업은 다른 사람들을 이간질시켜 대중의 화합을 깨지 말아야 하고[不兩舌], 험하고 거친 말로 남에게 상처를 입히지 말아야 하며[不惡口], 명성이나 이익을 얻으려고 거짓말을 하지 말고[不妄語], '없는 말'을 화려하게 꾸며 남을 현혹시키지 말아야[不綺語] 한다는 것이다. 뜻을 다스리는 세 가지 업은 함부로 욕심내어 분수에 넘치는 일이 없어야 하고[不貪心], 뜻하는 일이 마음대로 안 된다고 마구 화를 내지 말아야 하며[不瞋心], 이렇게 욕심내고 화를 내게 하는 어리석은 마음이 없어야[不癡心] 한다는 것이다. 이 열 가지 좋은 업을 지키지 못하는 것을 '십악(十惡)'이라 한다.

하나하나의 연꽃 위에 무량한 빛이 감돌고, 그 빛 속에 온갖 악기가 다 갖추어져 있다.

이와 같은 하늘의 악기에서는 연주하지 않아도 저절로 미묘한 소리가 흘러나오고, 이 소리가 흘러나올 때 천녀들은 온갖 악기를 들고 모두 함께 아리땁게 춤을 출 것이다.

춤을 추며 부르는 아름다운 노랫소리에는 열 가지 착한 일과 모든 중생을 제도하면서 번뇌를 끊고, 부처님의 가르침을 모두 배우며, 불도를 이루는 네 가지 큰 원력이 담겨 있을 것이다. 그러므로 하늘에서 노래를 듣는 사람들은 모두 저절로 부처님 세상으로 가고자 하는 마음을 낼 것이다.

한편 모든 정원에는 여덟 가지 빛깔이 아롱져 흐르는 찬란한 유리 냇물이 있다.

하나하나의 냇물은 모두 오백억 보배 구슬로 만들어졌고, 그곳에 흐르는 물은 여덟 가지 진귀한 맛과 미묘하고 아름다운 빛깔을 다 갖출 것이다.

其水上湧　游梁棟間
기 수 상 용　유 양 동 간

於四門外　化生四花　水出華中　如寶花流。
어 사 문 외　화 생 사 화　수 출 화 중　여 보 화 류

一一華上　有二十四天女　身色微妙
일 일 화 상　유 이 십 사 천 녀　신 색 미 묘

如諸菩薩　莊嚴身相　手中　自然　化五百億寶器
여 제 보 살　장 엄 신 상　수 중　자 연　화 오 백 억 보 기

一一器中　天諸甘露　自然盈滿。
일 일 기 중　천 제 감 로　자 연 영 만

左肩荷佩　無量瓔珞　右肩復負　無量樂器
좌 견 하 패　무 량 영 락　우 견 부 부　무 량 악 기

如雲住空　從水而出　讚歎菩薩　六波羅蜜。
여 운 주 공　종 수 이 출　찬 탄 보 살　육 바 라 밀

若有往生　兜率天上　自然　得此天女侍御。
약 유 왕 생　도 솔 천 상　자 연　득 차 천 녀 시 어

또 그 물이 솟아 궁전의 들보와 기둥 사이로 흐르고, 궁전 사대문 밖에는 사시사철 꽃이 피며 그 꽃 사이로 물이 흐르니 마치 보배 꽃잎이 떠서 흘러가는 것 같다.

그리고 꽃송이마다 장엄한 보살의 모습처럼 보이는 곱고 우아한 스물네 명의 천녀들이 있다. 그녀들은 손에 자연히 생겨난 오백억 보배 그릇을 받들고 있는데, 그 보배 그릇마다 하늘의 온갖 감로수가 가득 차 있을 것이다.

천녀들은 왼쪽 어깨에는 헤아릴 수 없이 많은 옥구슬로 장식한 의상을 걸치고 오른쪽 어깨에는 셀 수 없이 많은 악기를 메고는, 물에서 솟아올라 허공에 구름처럼 머물러 보살의 육바라밀을 찬탄할 것이다.

누구라도 도솔천에 태어나면 이 천녀들의 섬김을 받게 될 것이다.

亦有七寶　大師子座。
역유칠보　대사자좌

高四由旬　閻浮檀金　無量衆寶　以爲莊嚴。
고사유순　염부단금　무량중보　이위장엄

座四角頭　生四蓮華　一一蓮華　百寶所成。
좌사각두　생사연화　일일연화　백보소성

一一寶出　百億光明
일일보출　백억광명

其光微妙　化爲五百億　衆寶雜花　莊嚴寶帳。
기광미묘　화위오백억　중보잡화　장엄보장

時　十方面　百千梵王
시　시방면　백천범왕

各各　持一梵天妙寶　以爲寶鈴　懸寶帳上。
각각　지일범천묘보　이위보령　현보장상

時　小梵王　持天衆寶　以爲羅網　彌覆帳上。
시　소범왕　지천중보　이위나망　미복장상

또한 일곱 가지 보배로 된 부처님의 사자좌가 있다. 높이는 네 유순이고 세상에서 제일 좋은 금과 헤아릴 수 없이 많은 보배로 장엄될 것이다.

사자좌 네 귀퉁이에서 사시사철 연꽃이 피는데, 연꽃 하나 하나가 모두 백 가지 보배로 만들어진다. 하나하나의 보배에서 백억 광명이 나오고, 이 빛이 오백억 종류 온갖 보배와 아름다운 꽃으로 변해 사자좌의 보배 휘장을 장엄하고 있을 것이다.

그때 사방팔방 어디나 볼 수 있는 얼굴을 가진 십만 명의 범천왕들이 저마다 범천의 오묘한 보배로 방울을 만들어 화려한 휘장 위에 매달 것이다. 또 작은 범천의 왕들도 하늘의 온갖 보배로 펼쳐진 그물을 만들어 휘장 위를 가득 덮을 것이다.

爾時　百千無數　天子天女眷屬　各持寶華　以布座上
이시　백천무수　천자천녀권속　각지보화　이포좌상

是諸蓮花　自然　皆出　五百億寶女　手執白拂　侍立帳內。
시제연화　자연　개출　오백억보녀　수집백불　시립장내

持宮四角　有四寶柱
지궁사각　유사보주

一一寶柱　有百千樓閣　梵摩尼珠　以爲絞絡。
일일보주　유백천누각　범마니주　이위교락

時　諸閣間　有百千天女　色妙無比　手執樂器
시　제각간　유백천천녀　색묘무비　수집악기

其樂音中　演說苦空　無常無我　諸波羅蜜。
기악음중　연설고공　무상무아　제바라밀

그때 헤아릴 수 없이 많은 천자와 천녀의 권속들이 저마다 보배 연꽃을 가지고 와 사자좌에 넓게 펼쳐 장식하니, 이 모든 연꽃에서 저절로 오백억 아름다운 보배 같은 옥녀들이 나와 하얀 털이 달린 불자를 들고 휘장 안에서 부처님을 모시려고 서 있을 것이다.

궁전의 장엄은 그뿐만이 아니다. 궁전의 네 귀퉁이마다 보배로 된 기둥이 있고, 그 보배 기둥마다 백천 누각이 있으며, 이 누각들은 범천의 마니구슬을 꿰어 장엄한다.

백천 누각 사이에서 말할 수 없이 아리따운 천녀들이 악기를 들고 연주할 것이다. 그 연주로 '중생의 삶은 고통이지만[苦], 그 실체는 존재하지 않는 것으로서 텅 비어 있을 뿐이다[空]. 삶 자체에 실체가 있고 변할 게 없다고 착각하고 살아가는 것이 중생의 삶이지만, 중생의 삶 자체는 늘 변하는 것이므로[無常] 여기에서는 변하지 않는 나와 내 것이라고 할 게 조금도 없다[無我]. 이 도리를 철저히 알아야 고통에서 벗어나 부처님의 세상으로 간다.'는 온갖 법을 다 들려 줄 것이다.

如是天宮　有百億萬　無量寶色　一一諸女　亦同寶色。
여시천궁　유백억만　무량보색　일일제녀　역동보색

爾時　十方無量　諸天命終　皆願往生　兜率天宮。
이시　시방무량　제천명종　개원왕생　도솔천궁

時　兜率天宮　有五大神。
시　도솔천궁　유오대신

第　一大神名　曰寶幢身。
제　일대신명　왈보당신

雨七寶　散宮牆內
우칠보　산궁장내

一一寶珠　化成無量樂器
일일보주　화성무량악기

懸處空中　不鼓自鳴　有無量音　適衆生意。
현처공중　불고자명　유무량음　적중생의

이와 같이 천궁에는 백억만의 무량한 보배 빛이 가득하고, 천녀들의 몸도 하나하나 다 이처럼 보배 빛깔로 장엄된다.

그때 시방세계 헤아릴 수 없이 많은 천인이 이생의 삶을 다한 뒤 모두 도솔천 궁전에 왕생하기를 발원할 것이다.

다. 다섯 분의 하늘 신

당시 도솔천 내원궁(內院宮)에는 다섯 분의 큰 하늘 신이 있다.

첫 번째 하늘 신의 이름은 보배 깃발 '보당(寶幢)'이다.

몸에서 칠보가 쏟아져 나와 궁전 담 안에 뿌리는데, 보배 구슬 하나하나가 악기가 되어 허공에서 저절로 온갖 음악을 들려주니, 그 음악 소리는 중생의 마음을 기쁘고 흡족하게 할 것이다.

第二大神　名曰花德。
제 이 대 신　명 왈 화 덕

身雨衆花　彌覆宮牆　化成花蓋
신 우 중 화　미 복 궁 장　화 성 화 개

一一花蓋　百千幢幡　以爲導引。
일 일 화 개　백 천 당 번　이 위 도 인

第三大神　名曰香音。
제 삼 대 신　명 왈 향 음

身毛孔中　雨出微妙海　此岸旃檀香
신 모 공 중　우 출 미 묘 해　차 안 전 단 향

其香如雲　作百寶色　遶宮七匝。
기 향 여 운　작 백 보 색　요 궁 칠 잡

두 번째 하늘 신의 이름은 화려한 꽃의 공덕 '화덕(華德)'
이다.

몸에서 온갖 꽃이 쏟아져 나와 궁전의 담 위를 가득히
덮어 지붕이 전부 꽃밭이 된다. 이 하나하나의 꽃밭마다
백천 깃발이 휘날려 법회 장소를 알리는 길잡이가 될 것
이다.

세 번째 하늘 신의 이름은 향기로운 소리 '향음(香音)'이다.

몸의 털구멍에서 섬세하고 오묘한 이승의 전단향을 수없이
쏟아내는데, 하늘의 구름처럼 많고 많은 그 향은 백 가지
보배 빛을 띠며 도솔천 궁전을 일곱 겹으로 둘러쌀 것이다.

第四大神　名曰喜樂。
제사대신　명왈희락

雨如意珠　一一寶珠　自然住在　幢幡之上
우여의주　일일보주　자연주재　당번지상

顯說無量　歸佛　歸法　歸比丘僧
현설무량　귀불　귀법　귀비구승

及說五戒　無量善法　諸波羅蜜　饒益勸助　菩提意者。
급설오계　무량선법　제바라밀　요익권조　보리의자

第五大神　名曰正音聲。
제오대신　명왈정음성

身諸毛孔　流出衆水
신제모공　유출중수

一一水上　有五百億花　一一華上　有二十五玉女。
일일수상　유오백억화　일일화상　유이십오옥녀

一一玉女　身諸毛孔　出一切音聲　勝天魔后　所有音樂。
일일옥녀　신제모공　출일체음성　승천마후　소유음악

네 번째 하늘 신의 이름은 함께 기뻐하고 즐거워하는 '희락(喜樂)'이다.

몸에서 여의주를 쏟아내니 보배 구슬 하나하나가 저절로 펄럭이는 깃발 위에 머물러, "헤아릴 수 없이 많은 부처님과 그분의 가르침과 청정한 승가에 귀의하십시오."라고 말한다. 또 부처님의 아름다운 삶 오계와 한량없이 많은 좋은 법과 부처님의 세상으로 가는 길을 모두 설해 부처님 지혜를 닦을 것을 권하면서 많은 이익을 주게 될 것이다.

다섯 번째 하늘 신의 이름은 바른 소리 '정음성(正音聲)'이다.

온몸에 있는 모공에서 각양각색의 맑은 물을 뿜어내니, 하나하나의 물위에서 오백억 연꽃이 피고, 그 연꽃 위에 스물다섯 명의 옥녀들이 나타난다. 옥녀들 한 분 한 분 온몸에 있는 모공에서 온갖 소리가 나오는데, 그 소리는 하늘에서 목소리가 제일 아름답다는 천마(天魔)의 어떤 왕후 목소리보다 훨씬 더 뛰어날 것이다.

佛　告優波離
불　고우바리

此名兜率陀天　十善報應　勝妙福處。
차 명 도 솔 타 천　십 선 보 응　승 묘 복 처

若我住世　一小劫中　廣說　一生補處　菩薩報應　及十善果者
약 아 주 세　일 소 겁 중　광 설　일 생 보 처　보 살 보 응　급 십 선 과 자

不能窮盡　今爲汝等　畧而解說。
불 능 궁 진　금 위 여 등　약 이 해 설

佛　告優波離
불　고우바리

若有比丘　及一切大衆　不厭生死　樂生天者　愛敬無上菩提心
약 유 비 구　급 일 체 대 중　불 염 생 사　요 생 천 자　애 경 무 상 보 리 심

者。　欲爲彌勒　作弟子者　當作是觀。
자　욕 위 미 륵　작 제 자 자　당 작 시 관

부처님께서 우바리 존자에게 말씀하셨다.

"이것이 열 가지 좋은 일을 한 과보로 도솔천에서 받게 되는 훌륭하고 오묘한 복덕이다. 내가 세상에 머물러, '한 생을 마친 뒤에 성불할 보살[一生補處]'인 미륵보살이 살아 갈 세상과 열 가지 좋은 일의 과보를 오랜 세월 아무리 설명하여도 다할 수 없지만, 지금 그대들을 위하여 간략하게 말한 것이다."

라. 미륵보살의 제자

부처님께서 우바리 존자에게 말씀하셨다.

"만약 비구를 비롯해 모든 대중이 생사를 싫어하지 않고 하늘에 태어나기를 원한다면 부처님 마음을 지닌 분을 좋아하고 공경해야 한다. 그러면서 미륵보살의 제자가 되려는 사람은 바른 통찰을 해야 한다.

作是觀者　應持五戒八齋[1]　具足戒[2]　身心精進。
작시관자　응지오계팔재　구족계　신심정진

不求斷結　修十善法　一一思惟　兜率陀天上　上妙快樂。
불구단결　수십선법　일일사유　도솔타천상　상묘쾌락

作是觀者　名爲正觀　若他觀者　名爲邪觀。
작시관자　명위정관　약타관자　명위사관

爾時　優波離　卽從座起　整衣服　頭面作禮　白佛言。
이시　우바리　즉종좌기　정의복　두면작례　백불언

世尊　兜率陀天上　乃有如是極妙樂事
세존　도솔타천상　내유여시극묘락사

今此大士　何時　於閻浮提沒　生於彼天。
금차대사　하시　어염부제몰　생어피천

---

1. 복덕과 지혜를 길러 세상의 괴로움에서 벗어나게 해 주는 여덟 가지 계와 맑고 깨끗한 삶을 뜻하는 재를 칭하는 것이 팔관재계이다. 살생하지 않고, 도둑질하지 않으며, 음행을 하지 않고, 거짓말을 하지 않으며, 술을 마시지 않고, 향수나 꽃으로 몸을 꾸미지 않으며, 춤추고 노래하지 않고, 높은 자리에 앉지 않는 것이 여덟 가지 '계'요, 때가 아니면 밥을 먹지 않는 것이 '재'이다.
2. 비구와 비구니가 지켜야 할 계율이다. 비구에게는 250계, 비구니에게는 348계가 있다.

바른 통찰을 하는 사람은 아름다운 삶을 지키는 오계와 팔관재계 및 구족계를 지니면서 정진하여야 한다. 번뇌를 다 끊지 못하더라도 열 가지 좋은 일을 실천하며 도솔천의 오묘한 즐거움을 하나하나 생각해야 한다. 이처럼 바르게 통찰하는 것을 정관(正觀)이라 하고, 그렇지 않은 것은 잘못된 사관(邪觀)이라 한다."

3. 미륵보살 도솔천에 태어나다

그때 우바리 존자가 자리에서 일어나 옷깃을 여미고 부처님께 절을 한 뒤 사뢰었다.

"세존이시여, 도솔천에 이렇게 지극히 즐거운 일들이 많은데, 지금 이 미륵보살은 언제 인간 세상을 떠나 도솔천에 태어납니까?"

佛　告優波離
불　고우바리

彌勒　先於波羅捺國　劫波利村　波婆利大婆羅門家生。
미륵　선어바라나국　겁바리촌　바파리대바라문가생

却後　十二年　二月十五日　還本生處　結加趺坐　如入滅定
각후　십이년　이월십오일　환본생처　결가부좌　여입멸정

身紫金色　光明豔赫　如百千日　上至兜率陀天。
신자금색　광명염혁　여백천일　상지도솔타천

其身舍利　如鑄金像　不動不搖　身圓光中　有首楞嚴三昧
기신사리　여주금상　부동불요　신원광중　유수능엄삼매

般若波羅蜜　字義　炳然。
반야바라밀　자의　병연

時　諸人天尋　卽爲起衆寶妙塔　供養舍利。
시　제인천심　즉위기중보묘탑　공양사리

부처님께서 우바리 존자에게 말씀하셨다.

"미륵보살은 바라나국 겁바리촌에 있는 바파리라는 큰 바라문 집안에서 태어난 사람이다. 미륵보살이 앞으로 12년이 지난 뒤 2월 15일에 본래 태어난 곳으로 돌아가기 위해 결가부좌하고 선정에 들면, 그의 몸은 자줏빛 금색이 되어 백천 개 태양처럼 밝은 광명이 도솔천까지 뻗칠 것이다.

그의 육신 사리는 황금으로 조성한 성상처럼 움직이지 않지만, 온몸을 둘러싼 광명 속에 으뜸가는 삼매와 부처님의 지혜로운 뜻이 환히 드러날 것이다.

이때 세상 모든 사람과 하늘 신들이 찾아와 온갖 보배로 만든 아름다운 탑을 세워 이 육신 사리에 공양을 올릴 것이다.

時　兜率陀天　七寶臺內　摩尼殿上　師子床座
시　도솔타천　칠보대내　마니전상　사자상좌

忽然　化生　於蓮華上　結加趺坐　身如閻浮檀金色　長十六由旬
홀연　화생　어연화상　결가부좌　신여염부단금색　장십육유순

三十二相　八十種好　皆悉具足。
삼십이상　팔십종호　개실구족

頂上肉髻　髮紺瑠璃色
정상육계　발감유리색

釋迦毘楞伽摩尼[1]　百千萬億　甄叔迦寶　以嚴天冠。
석가비릉가마니　백천만억　견숙가보　이엄천관

其天寶冠　有百萬億色
기천보관　유백만억색

一一色中　有無量百千化佛　諸化菩薩　以爲侍者。
일일색중　유무량백천화불　제화보살　이위시자

---

1. 석가비릉가는 좋은 보배의 이름이고, 마니는 여의주이다.

미륵보살은 홀연히 도솔천 칠보 위에 세운 보배 궁전 사자 좌에 나타나 연꽃 위에 앉아 가부좌를 하니, 세상에서 제일 훌륭한 이 황금빛 몸은 열여섯 유순이나 되며, 성스러운 서른두 가지 모습과 구석구석 아름다운 상호 여든 가지를 빠짐없이 다 갖출 것이다.

정수리에는 성스러움을 나타내는 볼록한 육계가 나와 있고, 머리털은 검은빛을 띤 푸른빛의 유리 빛깔이며, 쓰고 있는 하늘 왕관은 온 세상을 두루 비추는 마니주와 백천 만억 아름다운 보석으로 장엄될 것이다.

보배로 장엄한 하늘 왕관에서는 백만 억 미묘한 빛이 흘러 나오고, 하나하나의 빛깔 속에 헤아릴 수 없이 많은 화현불이 계신데, 한 분 한 분을 많은 보살이 다 모시고 있을 것이다.

復有他方　諸大菩薩　作十八變¹　隨意自在　住天冠中。
부유타방　제대보살　작십팔변　수의자재　주천관중

彌勒眉間　有白毫相光　流出衆光　作百寶色。
미륵미간　유백호상광　유출중광　작백보색

三十二相　一一相中　有五百億寶色　一一好　亦有五百億寶色
삼십이상　일일상중　유오백억보색　일일호　역유오백억보색

一一相好　艷出八萬四千光明雲　與諸天子。
일일상호　염출팔만사천광명운　여제천자

各坐花座　晝夜六時　常說不退轉地　法輪之行　經一時中
각좌화좌　주야육시　상설불퇴전지　법륜지행　경일시중

成就五百億天子　令不退轉　於阿耨多羅三藐三菩提。
성취오백억천자　영불퇴전　어아뇩다라삼막삼보리

1.『법화경』묘장엄품에 불보살이 나타내는 열여덟 가지 신통변화가 나온다. ① 오른쪽 옆구리에서 물이 나오는 것 ② 왼쪽 옆구리에서 불이 나오는 것 ③ 왼쪽 옆구리에서 물이 나오는 것 ④ 오른쪽 옆구리에서 불이 나오는 것 ⑤ 몸 위로 물이 나오는 것 ⑥ 몸 밑으로 불이 나오는 것 ⑦ 몸 밑으로 물이 나오는 것 ⑧ 몸 위로 불이 나오는 것 ⑨ 물위를 땅처럼 밟고 다니는 것 ⑩ 땅 위에서 물속처럼 다니는 것 ⑪ 땅 위에서 허공으로 사라지는 것 ⑫ 허공에서 땅으로 사라지는 것 ⑬ 허공에서 마음대로 다니는 것 ⑭ 허공에서 머물 수 있는 것 ⑮ 허공에서 앉아 있는 것 ⑯ 허공에서 누워 있는 것 ⑰ 몸을 크게 하여 허공에 꽉 채우는 것 ⑱ 크게 한 몸을 다시 작게 하는 것 등이다.

또 다른 시방세계의 모든 보살도 열여덟 가지 신통 변화로 자유자재하게 보배로 장엄한 하늘 왕관에 머물게 될 것이다.

한편 미륵보살 눈썹 사이에 난 상서로운 하얀 터럭에서는 온갖 빛이 흘러나오며 갖가지 보배로운 색을 띠게 될 것이다.

미륵보살의 성스러운 서른두 가지 모습과 구석구석 아름다운 상호 여든 가지 하나하나마다 오백억 보배로운 색을 띠며, 그 색마다 팔만사천 광명을 띤 구름이 눈부시게 흘러나와 모든 천자를 감쌀 것이다.

미륵보살은 모든 천자와 함께 꽃으로 장엄된 자리에 앉아서 밤낮으로 물러나지 않는 영원한 법을 실천하라고 설하니, 짧은 시간 동안에 오백억 천자가 깨달음에서 물러나지 않게 될 것이다.

如是　處兜率陀天　晝夜　恒說此法　度諸天子
여시　처도솔타천　주야　항설차법　도제천자

閻浮提歲數　五十六億萬歲
염부제세수　오십육억만세

爾乃下生　於閻浮提　如彌勒下生經說。
이내하생　어염부제　여미륵하생경설

佛　告優波離
불　고우바리

是名　彌勒菩薩　於閻浮提沒　生兜率陀天因緣。
시명　미륵보살　어염부제몰　생도솔타천인연

佛滅度後　我諸弟子
불멸도후　아제제자

若有精勤　修諸功德　威儀不缺　掃塔塗地
약유정근　수제공덕　위의불결　소탑도지

以衆名香　妙花供養　行衆三昧　深入正受　讀誦經典。
이중명향　묘화공양　행중삼매　심입정수　독송경전

如是等人　應當　至心　雖不斷結　如得六通
여시등인　응당　지심　수부단결　여득육통

應當　繫念　念佛形像　稱彌勒名。
응당　계념　염불형상　칭미륵명

이처럼 도솔천에서 밤낮으로 법을 설하여 모든 천자를 제도하다가, 오십육만 년이 흐르면 이 세상에 다시 올 것이니, 이는 『미륵하생경』에서 설한 그대로이다."

4. 미륵보살에게 귀의한 공덕

부처님께서 우바리 존자에게 말씀하셨다.

"이것이 미륵보살이 인간 세상의 삶을 마치고 도솔천에 태어나는 인연이다. 부처님께서 열반에 드신 뒤 제자들은 부지런히 정진하며 공덕을 닦아야 하고, 단정하게 탑 주변을 청소하며 좋은 향과 꽃으로 공양을 올리고, 온갖 삼매로 깊은 선정에 들며, 경전을 읽고 외우며 사경을 해야 한다.

지극정성으로 이렇게 사는 수행자는 번뇌를 다 끊지 못했더라도 육신통을 얻은 것이나 다름없으니, 마음을 모아 부처님의 성스러운 형상을 생각하고 미륵 부처님의 명호를 지극정성 불러야만 한다.

如是等輩　若一念頃　受八戒齋　修諸淨業　發弘誓願
여시등배　약일념경　수팔계재　수제정업　발홍서원

命終之後　譬如壯士　屈申臂頃　卽得往生　兜率陀天　於蓮華上
명종지후　비여장사　굴신비경　즉득왕생　도솔타천　어연화상

結加趺坐。
결가부좌

百千天子　作天伎樂　持天曼陀羅花　摩訶曼陀羅華　以散其上
백천천자　작천기악　지천만다라화　마하만다라화　이산기상

讚言。
찬언

善哉善哉　善男子　汝於閻浮提　廣修福業　來生此處。
선재선재　선남자　여어염부제　광수복업　내생차처

此處名兜率陀天　今此天主　名曰彌勒　汝當歸依。
차처명도솔타천　금차천주　명왈미륵　여당귀의

應聲卽禮　禮已
응성즉례　예이

諦觀　眉間白毫相光　卽得超越　九十億劫生死之罪。
체관　미간백호상광　즉득초월　구십억겁생사지죄

이런 수행자는 잠깐만이라도 팔관재계를 받고 깨끗한 삶을 살아가며 큰 원력을 내면, 이생의 삶이 다할 때 단숨에 도솔천에 태어나 연꽃 위에서 결가부좌하고 앉게 될 것이다.

그러면 수많은 천자가 하늘의 풍악을 울리며 아름다운 하늘의 꽃을 색색이 하늘하늘 하염없이 흩날려 뿌리며 이같이 찬탄할 것이다.

'참으로 좋고도 좋은 일입니다, 선남자여. 그대는 인간 세상에서 많은 복덕을 짓고 이곳에 오셨습니다. 이곳은 도솔천이며 이곳의 주인은 미륵보살이시니, 그대는 마땅히 그분께 귀의하셔야 합니다.'

이 말에 따라 미륵보살에게 예를 올리고 미륵보살 눈썹 사이에 난 상서로운 하얀 터럭에서 나오는 광명을 똑똑히 보면, 이 사람은 그 자리에서 구십억 겁의 세월 동안 지은 생사의 죄업을 다 뛰어넘을 것이다.

是時　菩薩　隨其宿緣　爲說妙法
시시　보살　수기숙연　위설묘법

令其堅固　不退轉　於無上道心。
영기견고　불퇴전　어무상도심

如是等　衆生　若淨諸業　行六事法[1]
여시등　중생　약정제업　행육사법

必定無疑　當得　生於兜率天上　値遇彌勒。
필정무의　당득　생어도솔천상　치우미륵

亦隨彌勒　下閻浮提　第一聞法。
역수미륵　하염부제　제일문법

於未來世　値遇賢劫　一切諸佛
어미래세　치우현겁　일체제불

於星宿劫[2]　亦得値遇諸佛世尊　於諸佛前　受菩提記。
어성숙겁　역득치우제불세존　어제불전　수보리기

---

1. 부처님을 생각하고, 부처님 법을 생각하고, 승가를 생각하고, 도솔천을 생각하고, 계를 생각하고, 보시를 생각하는 것이 육사법이다.
2. 현겁(賢劫)은 현재에 흘러가는 겁의 세월의 말하고, 성숙겁(星宿劫)은 미래에 흘러갈 겁의 세월을 말하며, 장엄겁(莊嚴劫)은 과거에 흘러간 겁의 세월을 말한다.

이때 미륵보살은 전생의 인연으로 묘법을 설하여, 그들이 견고한 신심으로 무상도에서 물러나지 않게 할 것이다.

이렇듯 중생이 깨끗한 삶으로 삼보를 공경하고 계율을 지키며 보시를 하면서 도솔천을 잊지 않고 살아간다면, 반드시 도솔천에 태어나 미륵보살을 만나게 될 것이다. 또한 미륵보살을 따라 인간 세상에 내려와 미륵보살이 성불하면 제일 먼저 법문을 듣게 될 것이다.

그리고 미래의 세상에서 현재 겁의 세월 속에 있는 모든 부처님을 만나고, 미래에 흘러갈 겁의 세월 속에서도 온갖 불세존을 만나, 어떤 부처님 앞에서도 수기를 받을 것이다."

佛　告優波離
불　고우바리

佛滅度後　比丘　比丘尼　優婆塞　優婆夷　天龍　夜叉
불멸도후　비구　비구니　우바새　우바이　천룡　야차

乾闥婆　阿脩羅　迦樓羅　緊那羅　摩睺羅伽等　是諸大衆
건달바　아수라　가루라　긴나라　마후라가등　시제대중

若有得聞　彌勒菩薩摩訶薩名者　聞已歡喜　恭敬禮拜
약유득문　미륵보살마하살명자　문이환희　공경예배

此人　命終　如彈指頃　卽得往生　如前無異。
차인　명종　여탄지경　즉득왕생　여전무이

但得聞是彌勒名者　命終　亦不墮黑闇處邊地　邪見諸惡
단득문시미륵명자　명종　역불타흑암처변지　사견제악

律儀恒生正見　眷屬成就　不謗三寶。
율의항생정견　권속성취　불방삼보

부처님께서 우바리 존자에게 말씀하셨다.

"부처님께서 열반에 들어간 뒤에 비구, 비구니, 우바새, 우바이, 천인, 용, 야차, 건달바, 아수라, 가루라, 긴나라, 마후라가 등 어떤 대중이라도 미륵보살의 명호를 듣자마자 기뻐하고 공경하며 예배를 올린다면, 이들은 이생의 삶이 다한 뒤에 바로 도솔천에 태어날 것이다.

단지 미륵보살의 명호만 들었던 이들도 이생의 삶이 다한 뒤, 깜깜한 지옥이나 험한 곳 또는 삿된 견해나 사악한 무리에 휩쓸리지 않고, 아름다운 삶 속에서 항상 바른 소견을 가진 훌륭한 권속이 되어 삼보를 헐뜯지 않게 될 것이다."

佛　告優波離
불　고우바리

若善男子　善女人　犯諸禁戒　造衆惡業
약선남자　선녀인　범제금계　조중악업

聞是菩薩　大悲名字　五體投地　誠心懺悔
문시보살　대비명자　오체투지　성심참회

是諸惡業　速得淸淨。
시제악업　속득청정

未來世中　諸衆生等　聞是菩薩大悲名稱
미래세중　제중생등　문시보살대비명칭

造立形像　香花衣服　繒蓋幢幡　禮拜繫念。
조립형상　향화의복　증개당번　예배계념

此人　命欲終時　彌勒菩薩　放眉間白毫　大人相光
차인　명욕종시　미륵보살　방미간백호　대인상광

與諸天子　雨曼陀羅花　來迎此人。
여제천자　우만다라화　내영차인

此人　須臾　卽得往生　値遇彌勒　頭面禮敬
차인　수유　즉득왕생　치우미륵　두면예경

未擧頭頃　便得聞法　卽於無上道　得不退轉。
미거두경　변득문법　즉어무상도　득불퇴전

於未來世　得値　恒河沙等　諸佛如來。
어미래세　득치　항하사등　제불여래

부처님께서 우바리 존자에게 다시 말씀하셨다.

"만약 아름다운 삶을 살지 못하고 나쁜 일을 많이 한 선남자 선여인이더라도, 크게 자비로운 미륵보살의 명호를 듣고는 땅에 엎드려 지극정성 자신의 허물을 참회하면, 바로 모든 악업이 사라지고 청정하게 될 것이다.

또 미래의 모든 중생은 크게 자비로운 미륵보살의 명호를 듣고는, 성스러운 형상을 만들어 모시고, 향, 꽃, 가사, 햇빛을 차단하는 비단 가리개와 펄럭이는 깃발로 끊임없이 공양과 예배를 올려야 한다. 그러면 이 사람이 이생의 삶이 다할 때 미륵보살 눈썹 사이에 있는 상서로운 하얀 터럭에서 광명이 나올 것이며, 또 모든 천자가 만다라 꽃비를 하늘에 흩뿌리며 이 사람을 맞이할 것이다.

이 사람은 바로 도솔천에 태어나 미륵보살을 만나서 발아래 절을 올리며 예배 공경하는데, 머리를 채 들기도 전에 미륵보살의 법문을 듣고 무상도에서 물러나지 않게 될 것이다. 그리하여 미래 오는 세상에서 갠지스 강 모래알만큼 많은 모든 부처님을 만나게 될 것이다."

佛　告優波離
불　고우바리

汝今諦聽　是彌勒菩薩　於未來世　當爲衆生　作大歸依處。
여금체청　시미륵보살　어미래세　당위중생　작대귀의처

若有歸依　彌勒菩薩者　當知　是人　於無上道　得不退轉。
약유귀의　미륵보살자　당지　시인　어무상도　득불퇴전

彌勒菩薩　成多陀阿伽度[1]　阿羅訶[2]　三藐三佛陀時
미륵보살　성다타아가도　아라하　삼먁삼불타시

如此行人　見佛光明　卽得授記。
여차행인　견불광명　즉득수기

佛　告優波離
불　고우바리

佛滅度後　四部弟子　天龍鬼神
불멸도후　사부제자　천룡귀신

若有欲生兜率陀天者　當作是觀。
약유욕생도솔타천자　당작시관

繫念思惟　念兜率陀天　持佛禁戒　一日至七日　思念十善行
계념사유　염도솔타천　지불금계　일일지칠일　사념십선행

十善道。　以此功德　迴向　願生彌勒前者　當作是觀。
십선도　이차공덕　회향　원생미륵전자　당작시관

---

1. 다타아가도(多陀阿伽度)는 범어 'tathagata'를 음역한 말로 여래를 뜻한다. 다타아가타(多陀阿伽陀)라고 음역하기도 한다.
2. 아라하는 번역하면 응공(應供)으로. 온갖 번뇌를 끊어서 인간, 천상의 중생들로부터 공양을 받을 만한 덕이 있는 사람을 뜻한다. 부처님 십호의 하나로 아라한이라고도 한다.

부처님께서 또 우바리 존자에게 이렇게 말씀하셨다.

"그대는 이제 귀기울여 들어야 한다. 미륵보살은 미래 오는 세상에서 중생들의 큰 귀의처가 된다. 그러므로 미륵보살에게 귀의한 사람들은 결코 무상도에서 물러나지 않는다는 것을 알아야 한다. 미륵보살이 무상도를 이룰 때 이 사람들은 부처님의 광명을 보고 곧 수기를 받게 될 것이다."

부처님께서 우바리 존자에게 말씀하셨다.

"부처님께서 열반에 든 뒤에 비구, 비구니, 우바새, 우바이, 천인, 용, 귀신들 가운데 도솔천에 태어나려는 자들은 바른 통찰을 해야만 한다.

이 통찰은 마음을 모아 도솔천을 생각하며, 부처님의 삶을 하루 혹은 이레 동안 살면서 열 가지 좋은 일을 명심하고 실천하는 것이다. 또한 이 공덕을 미륵보살 앞에서 회향하며 도솔천에 태어나기를 발원하는 것, 이것이 바른 통찰이다.

作是觀者　若見一天人　見一蓮花
작시관자　약견일천인　견일연화

若一念頃　稱彌勒名
약일념경　칭미륵명

此人　除却　千二百劫　生死之罪。
차인　제각　천이백겁　생사지죄

但聞彌勒名　合掌恭敬　此人　除却　五十劫　生死之罪。
단문미륵명　합장공경　차인　제각　오십겁　생사지죄

若有敬禮彌勒者　除却　百億劫　生死之罪
약유경례미륵자　제각　백억겁　생사지죄

設不生天　未來世中　龍花菩提樹下　亦得值遇　發無上心。
설불생천　미래세중　용화보리수하　역득치우　발무상심

說是語時
설시어시

無量大衆　卽從坐起
무량대중　즉종좌기

頂禮佛足　禮彌勒足　遶佛及彌勒菩薩　百千匝。
정례불족　예미륵족　요불급미륵보살　백천잡

바른 통찰을 하는 사람이 한 명의 천인 혹은 한 송이 연꽃을 보고, 잠깐 사이라도 미륵보살의 명호를 부른다면, 이 사람은 천이백 겁 동안 지어온 수없이 많은 생사의 죄업이 사라질 것이다.

단지 미륵보살의 명호를 듣고 두 손 모아 공경하기만 해도 오십 겁 동안 지어온 수없이 많은 생사의 죄업이 없어진다.

미륵보살을 예배하고 공경하는 사람들은 백억 겁 동안 지어온 수많은 생사의 죄업이 사라지니, 설사 도솔천에 태어나지 않더라도 미래 오는 세상 용화세계 보리수 아래에서 미륵보살을 만나 보리심을 낼 것이다."

부처님께서 이 말씀을 하실 때, 헤아릴 수 없이 많은 대중이 자리에서 일어나 부처님과 미륵보살의 발아래 엎드려 절하고 오른쪽으로 수백 수천 번 존경하는 의미로 돌고 또 돌았다.

未得道者　各發誓願。
미득도자　각발서원

我等　天人八部　今於佛前　發誠實誓願
아등　천인팔부　금어불전　발성실서원

於未來世　値遇彌勒　捨此身已　皆得上生　兜率陀天。
어미래세　치우미륵　사차신이　개득상생　도솔타천

世尊　記曰
세존　기왈

汝等　及未來世　修福持戒
여등　급미래세　수복지계

皆當往生　彌勒菩薩前　爲彌勒菩薩之所攝受。
개당왕생　미륵보살전　위미륵보살지소섭수

佛　告優波離
불　고우바리

作是觀者　名爲正觀　若他觀者　名爲邪觀。
작시관자　명위정관　약타관자　명위사관

아직 무상도를 깨치지 못한 대중들은 이렇게 원력을 세웠다.

"저희 천인과 팔부대중은 지금 부처님 앞에서 지극정성으로 발원하오니, 미래 오는 세상에서 미륵보살을 만나 이생의 몸을 버리고 모두 도솔천에 태어나게 해 주옵소서."

그러자 부처님께서 수기하며 말씀하셨다.

"그대들과 미래 오는 세상에서 복덕을 닦고 아름답게 사는 사람들은 누구라도 미륵보살이 있는 도솔천에 태어나 미륵보살의 보살핌을 받게 될 것이다."

부처님께서 다시 우바리 존자에게 말씀하셨다.

"이렇게 통찰하는 것을 바른 통찰이라 하고, 그렇지 않은 것을 잘못된 통찰이라 한다."

爾時 尊者 阿難 卽從座起 叉手長跪 白佛言。
이시 존자 아난 즉종좌기 차수장궤 백불언

世尊 善哉 世尊 快說 彌勒所有功德
세존 선재 세존 쾌설 미륵소유공덕

亦記未來世 修福衆生 所得果報 我今隨喜。
역기미래세 수복중생 소득과보 아금수희

唯然 世尊
유연 세존

此法之要 云何受持 當何名此經。
차법지요 운하수지 당하명차경

佛 告阿難
불 고아난

汝持佛語 愼勿忘失。
여지불어 신물망실

爲未來世 開生天路 示菩提相 莫斷佛種。
위미래세 개생천로 시보리상 막단불종

5. 이 경의 이름은

그때 아난 존자가 자리에서 일어나 공손하게 두 손 모아 장궤합장하고 부처님께 사뢰었다.

"세존이시여! 참으로 거룩한 세존이시여! 미륵보살의 온갖 공덕을 막힘없이 말씀해 주시고, 미래 오는 세상에서 복덕을 닦는 중생이 받을 과보를 말씀해 주시니, 저도 지금 대중과 함께 한없이 기쁘옵니다.

세존이시여, 이 중요한 법문을 어떻게 받아 지녀야 하며, 이 경을 무어라 불러야 합니까?"

부처님께서 아난 존자에게 말씀하셨다.

"그대들은 부처님의 말씀을 절대로 잊지 말아야 한다. 이는 부처님의 가르침이 미래 오는 세상의 중생들에게 도솔천으로 가는 길을 열어 주고, 깨달음의 참모습을 보여주며, 부처님이 될 씨앗을 끊지 않도록 해주기 때문이다.

此經名　彌勒菩薩般涅槃
차경명　미륵보살반열반

亦名　觀彌勒菩薩　生兜率陀天　勸發菩提心　如是受持。
역명　관미륵보살　생도솔타천　권발보리심　여시수지

佛說是語時
불설시어시

他方來會　十萬菩薩　得首楞嚴三昧
타방래회　십만보살　득수능엄삼매

八萬億諸天　發菩提心　皆願隨從彌勒下生。
팔만억제천　발보리심　개원수종미륵하생

佛說是語時
불설시어시

四部弟子　天龍八部　聞佛所說　皆大歡喜　禮佛而退。
사부제자　천룡팔부　문불소설　개대환희　예불이퇴

이 경의 이름은 '미륵보살 열반경'이라 하며, 또 '미륵보살이 도솔천에 태어남을 보고 발보리심을 권하는 경[觀彌勒菩薩 生兜率陀天 勸發菩提心]'이라고도 하니, 이와 같이 알고 받아 지녀야만 한다."

부처님께서 이 말씀을 마칠 때 다른 세계에서 온 십만 보살은 바르고 으뜸가는 '수능엄삼매'를 얻었고, 팔만억 모든 천자는 보리심을 내며 미륵보살을 따라 도솔천에서 이 세상에 내려올 것을 발원하였다.

부처님의 말씀이 모두 끝나자 비구, 비구니, 우바새, 우바이와 하늘신과 용 등의 팔부신중은 부처님께서 설해주신 가르침에 모두 기뻐하며 부처님께 예배드리고 물러갔다.

미륵보살 하생경

聞如是
문여시

一時 佛 在舍衛國 祇樹給孤獨園 與大比丘衆 五百人俱。
일시 불 재사위국 기수급고독원 여대비구중 오백인구

爾時 阿難 偏露右肩 右膝著地 白佛言。
이시 아난 편로우견 우슬착지 백불언

如來玄鑒 無事不察 當來過去 現在三世 皆悉明了。
여래현감 무사불찰 당래과거 현재삼세 개실명료

過去諸佛 姓字名號 弟子菩薩 翼從多少 皆悉知之。
과거제불 성자명호 제자보살 익종다소 개실지지

一劫百劫 若無數劫 皆悉觀察 亦復如是。
일겁백겁 약무수겁 개실관찰 역부여시

國王大臣 人民姓字 則能分別
국왕대신 인민성자 즉능분별

如今現在 國界若干 亦復明了。
여금현재 국계약간 역부명료

저는 이와 같이 들었습니다.

부처님께서 사위국 기원정사에서 거룩한 비구 오백 명과 함께 계실 때였다. 아난이 존경의 표시로 오른쪽 어깨를 드러내며 무릎을 꿇고 부처님께 사뢰었다.

"여래께서는 어떤 일도 모르는 것 없이 통찰하시어 과거 현재 미래 모든 것을 환하게 아십니다. 과거 모든 부처님의 출신과 명호 및 그를 따르고 가르침 받는 제자와 보살들이 얼마나 많은지 모두 다 알고 계십니다. 일 겁, 백 겁, 셀 수 없이 많은 겁 동안의 일도 이처럼 모두 다 살펴 알고 계십니다. 어떤 임금이나 대신, 백성이라도 그 출신이 어디인지 잘 분별할 수 있고, 현재 사는 나라의 국경이 어디까지인지 또한 분명히 알고 있습니다.

將來久遠　彌勒出現
장래구원　미륵출현

至眞等正覺　欲聞其變　弟子翼從　佛境豐樂　爲經幾時。
지진등정각　욕문기변　제자익종　불경풍악　위경기시

佛　告阿難
불　고아난

汝還就坐　聽我所說　彌勒出現　國土豐樂　弟子多少。
여환취좌　청아소설　미륵출현　국토풍악　제자다소

善思念之　執在心懷。
선사념지　집재심회

是時　阿難　從佛受教　卽還就坐。
시시　아난　종불수교　즉환취좌

부처님이시여! 오랜 세월이 흘러 미륵보살이 출현하여 참마음으로 깨달음을 이루는 그 과정을 듣고 싶습니다. 미륵 부처님을 따르는 제자는 얼마나 되는지, 그 세계는 얼마나 풍요롭고 즐거운 세상이 될 것이며, 또 그분의 가르침은 얼마나 이 세상에 이어지는지 알고 싶습니다."

아난에게 부처님께서 말씀하셨다.

"아난이여, 자리로 돌아가 미륵 부처님께서 출현한 그 국토가 얼마나 풍요롭고 즐거운 세상이며, 얼마나 많은 제자가 있는지 내 이야기를 들어보아라. 그리고 잘 기억해서 이 내용을 마음속에 품고 있어야 한다."

아난은 부처님의 말씀을 듣고 제자리로 돌아와 앉았다.

爾時　世尊　告阿難曰
이시　세존　고아난왈

將來久遠　於此國界　當有城郭名　曰翅頭
장래구원　어차국계　당유성곽명　왈시두

東西十二由旬　南北七由旬　土地豐熟　人民熾盛　街巷成行。
동서십이유순　남북칠유순　토지풍숙　인민치성　가항성행

爾時　城中有龍王　名曰水光　夜雨香澤　晝則淸和。
이시　성중유용왕　명왈수광　야우향택　주즉청화

是時　翅頭城中　有羅刹鬼　名曰葉華　所行順法　不違正敎
시시　시두성중　유나찰귀　명왈엽화　소행순법　불위정교

每向人民　寢寐之後　除去穢惡　諸不淨者
매향인민　침매지후　제거예오　제부정자

常以香汁　而灑其地　極爲香淨。
상이향즙　이쇄기지　극위향정

1. 평화롭고 풍요로운 시두성

부처님께서 말씀하셨다.

오랜 세월이 지난 뒤에 이 국토에는 아주 큰 날개 모양의 도읍인 시두성이 생길 것이다. 그 도읍의 땅은 풍요롭고 많은 사람이 거리마다 넘쳐흐른다.

그때 그 도읍에 '깨끗한 물빛을 띠고 있는 용왕[水光]'이 있어서, 밤이면 항상 향기로운 비를 내려 거리를 촉촉하게 적셔주고, 낮에는 온 성안을 화창하고 맑고 깨끗하게 만든다.

또 모든 것을 법에 따라 행동하고 바른 가르침을 그대로 실천하는 '꽃잎 나찰 귀신[葉華]'은, 어두운 밤마다 사람들이 잠든 뒤에 더러운 쓰레기를 다 치우고, 향기로운 향수를 땅 위에 뿌려 도읍 전체를 참으로 향기롭고 깨끗하게 만든다.

阿難 當知 爾時 閻浮地[1] 東西南北 千萬由旬 諸山河石壁
아난 당지 이시 염부지 동서남북 천만유순 제산하석벽

皆自消滅 四大海水 各減一萬。
개자소멸 사대해수 각감일만

時 閻浮地 極爲平整 如鏡淸明。
시 염부지 극위평정 여경청명

擧閻浮地 內穀食豐賤 人民熾盛 多諸珍寶。
거염부지 내곡식풍천 인민치성 다제진보

諸村落相近 鷄鳴相接。
제촌락상근 계명상접

是時 弊華果樹枯竭 穢惡亦自消滅
시시 폐화과수고갈 예오역자소멸

其餘甘美果樹 香氣殊好者 皆生于地。
기여감미과수 향기수호자 개생우지

爾時 時氣和適 四時順節
이시 시기화적 사시순절

人身之中 無有百八之患 貪欲瞋恚愚癡 不大慇懃。
인신지중 무유백팔지환 탐욕진에우치 부대은근

---

1. 염부지는 염부제(閻浮提)라고도 하며, 수미산 남쪽에 우리가 살고 있는 인간세계를 말한다. 남염부제 또는 남섬부주라고 말하기도 한다.

아난이여, 마땅히 알아야 한다. 그때 인간 세상의 땅 넓이는 동서남북으로 천만 유순인데, 높은 산과 깊은 강 및 절벽이 모두 없어져 평지가 되고, 동서남북의 바닷물이 다 마를 것이다. 그래서 인간 세상의 대지가 모두 거울처럼 맑고 깨끗한 평원이 된다.

인간 세상은 곡식이 풍족하여 모자라지 않고, 사람들은 저마다 진귀한 보배를 많이 가지게 될 것이다. 사람이 사는 마을과 마을이 잇달아 이어져 얼마나 가까이 모여 사는지 닭이 우는 소리도 서로가 다 듣게 될 것이다.

시든 꽃이나 썩은 열매들은 다 사라지고 더러운 쓰레기는 저절로 없어질 것이다. 거기다 달고 탐스러운 과일나무와 매우 향기로운 꽃과 열매가 모두 그 땅에서 자라날 것이다.

그 시절의 기후는 화창하고 온화하며 사계절이 순조로워, 사람들은 어떤 질병도 없고 탐욕과 성냄 어리석음으로 크게 괴로워하거나 애쓸 필요도 없다.

人心均平　皆同一意　相見歡悅　善言相向。
인심균평　개동일의　상견환열　선언상향

言辭一類　無有差別　如彼優單越¹人　而無有異。
언사일류　무유차별　여피우단월 인　이무유이

是時　閻浮地內　人民大小　皆同一向　無若干之差別也。
시시　염부지내　인민대소　개동일향　무약간지차별야

彼時　男女之類　意欲大小便時
피시　남녀지류　의욕대소변시

地自然開　事訖之後　地便還合。
지자연개　사흘지후　지변환합

爾時　閻浮地內　自然　生粳米
이시　염부지내　자연　생갱미

亦無皮裹　極爲香美　食無患苦。
역무피과　극위향미　식무환고

所謂　金銀珍寶　車璩馬瑙　眞珠虎珀　各散在地　無人省錄。
소위　금은진보　차거마노　진주호박　각산재지　무인성록

---

1. 우단월은 수미산을 중심으로 한 사대주(四大洲) 중 북쪽에 있는 대륙을 말한다. 사대주 가운데 가장 크고 즐거움
이 많은 곳이어서 이곳 사람들은 천 년의 수명을 누리며 죽어서는 좋은 곳에 태어난다고 한다. 가장 살기 좋은
세상을 뜻한다.

사람들의 마음도 평온하여 모두 한마음이 되고, 서로 만나면 즐거워하며 착하고 고운 말만 주고받는다. 따뜻한 마음이 담긴 말들이 한결같아서 가장 좋은 세상에서 사는 것과 다름이 없다.

이때는 세상 사람들이 어른이든 아이든 모두 다 한결같이 선량해서 조금도 차별하는 일이 없다. 또 남녀가 대소변을 볼 때도 땅이 알아서 저절로 열리고, 그 일이 끝나면 땅이 저절로 닫힐 것이다.

또한 벼를 심지 않아도 저절로 껍질이 없고 향기로운 멥쌀이 생겨나니, 맘껏 먹어도 배가 아프거나 병으로 고생하는 일이 없다.

한편 금·은·진귀한 보배·자거·마노·진주·호박 등이 땅 위에 이리저리 흩어져 있어도 눈길을 주거나 관심을 갖는 사람이 하나도 없을 것이다.

是時　人民手執　此寶　自相謂言　昔者之人
시시　인민수집　차보　자상위언　석자지인

由此寶故　更相傷害　繫閉在獄　受無數苦惱
유차보고　갱상상해　계폐재옥　수무수고뇌

如今此寶　與瓦石同流　無人守護。
여금차보　여와석동류　무인수호

爾時　法王出現　名曰　蠰佉　正法治化　七寶成就。
이시　법왕출현　명왈　상구　정법치화　칠보성취

所謂　七寶者
소위　칠보자

輪寶象寶　馬寶珠寶　玉女寶　典兵寶　守藏之寶　是謂七寶。
윤보상보　마보주보　옥녀보　전병보　수장지보　시위칠보

鎮此閻浮地內　不以刀杖　自然靡伏。
진차염부지내　불이도장　자연미복

오히려 이런 보배를 손에 들고 "옛날 사람들은 이것 때문에 서로 싸우고 해치면서 그 과보로 감옥에 갇히기도 하고 수많은 고통을 받았는데, 지금은 이 보배를 돌이나 기왓장 부스러기처럼 여기고 있으니 누구도 욕심을 내거나 가지려고 하는 사람이 하나도 없구나."라고 이야기할 것이다.

이 시기에 전륜성왕이 출현하는데 바른 법으로 나라를 다스리면서 일곱 가지 보물을 다 갖추게 된다.

그 일곱 가지 보물은 천하를 정복하는 황금마차, 물위를 걷는 코끼리, 지치지 않고 달리는 천리마, 빛나는 여의주, 아름다운 옥녀, 왕의 뜻대로 따르는 잘 훈련된 병사, 보물 창고이다. 전륜성왕은 이 일곱 가지 보물로 천하를 다스리니, 칼이나 긴 창 같은 무기를 쓰지 않아도 적들이 지레 겁먹고 항복한다.

如今　阿難　四珍之藏。
여금　아난　사진지장

第一　乾陀越國　伊羅鉢寶藏　多諸珍琦異物　不可稱計。
제일　간다월국　이라발보장　다제진기이물　불가칭계

第二　彌梯羅國　綢羅大藏　亦多珍寶。
제이　미제라국　주라대장　역다진보

第三　須賴吒　大國　有大寶藏　亦多珍寶。
제삼　수뢰타　대국　유대보장　역다진보

第四　波羅木奈　蠰佉　有大寶藏　多諸珍寶　不可稱計。
제사　바라목내　상구　유대보장　다제진보　불가칭계

此四大藏　自然應現　諸守藏人　各來　白王。
차사대장　자연응현　제수장인　각래　백왕

아난이여, 지금 그 세상에는 진귀한 보물창고가 네 개나 더 있다.

첫 번째는 간다월국에 있는 이라발 큰 보배 곳간인데, 온갖 진기하고 기이한 보물들이 헤아릴 수 없이 많다.

두 번째는 미제라국에 있는 주라의 큰 보배 곳간인데, 역시 이곳에도 희귀한 보물이 가득하다.

세 번째는 수뢰타 대국에 있는 큰 보배 곳간인데, 여기에도 매우 귀한 보물이 많다.

네 번째는 바라나국에 있는 전륜성왕의 큰 보배 곳간인데, 이곳 역시 온갖 진기한 보물이 헤아릴 수 없이 많다.

이 네 군데의 큰 보물 곳간이 세상에 그 모습을 드러낼 때, 곳간을 맡고 있는 사람들은 제 발로 찾아와 왕에게 아뢸 것이다.

唯願 大王 以此寶藏之物 惠施貧窮。
유원 대왕 이차보장지물 혜시빈궁

爾時 蠰佉大王 得此寶已
이시 상구대왕 득차보이

亦復不省錄之意 無財寶之想。
역부불성록지의 무재보지상

時 閻浮地內
시 염부지내

自然 樹上生衣 極細柔軟 人取著之。
자연 수상생의 극세유연 인취착지

如今優單越人 自然 樹上生衣 而無有異。
여금우단월인 자연 수상생의 이무유이

爾時 彼王 有大臣 名曰修梵摩 是王 少小同好 王甚愛敬。
이시 피왕 유대신 명왈수범마 시왕 소소동호 왕심애경

又且 顔貌端正 不長不短 不肥不瘦 不白不黑 不老不少。
우차 안모단정 부장부단 불비불수 불백불흑 불로불소

"오직 바라옵건대, 대왕께서는 이 많은 보물을 가난한 백성에게 베풀어 주시옵소서."

그렇지만 전륜성왕은 이 많은 보물을 얻고도 눈길을 주거나 특별한 관심을 갖지 않으니, 마음속에 재물이나 보물이라는 생각조차 없기 때문이다.

그 시절 인간 세상에서는 나무에서 옷이 저절로 열리는데, 지극히 얇고 부드러운 이 옷을 사람들은 누구나 힘들이지 않고 가져다 입을 것이다. 마치 지금 가장 좋은 세상에 있는 사람들이 나무에서 저절로 열린 옷을 입고 사는 것과 같다.

2. 미륵보살 이 세상에 내려오다

당시 전륜성왕에게는 어릴 때부터 서로 친하게 지낸 수범마라는 훌륭한 신하가 있다. 왕이 좋아하며 존경하는 수범마의 모습은 단정하고, 알맞은 키와 살찌지도 마르지도 않은 적당한 몸에 피부는 희거나 검지도 않으니, 지나치게 늙어 보이거나 젊어 보이지도 않는다.

是時 修梵摩 有妻 名梵摩越
시시 수범마 유처 명범마월

王女中最極爲殊妙 如天帝妃。
왕녀중최극위수묘 여천제비

口作優鉢蓮華香 身作栴檀香。
구작우발연화향 신작전단향

諸婦人 八十四態 永無復有 亦無疾病 亂想之念。
제부인 팔십사태 영무부유 역무질병 난상지념

爾時 彌勒菩薩 於兜率天 觀察父母 不老不少
이시 미륵보살 어도솔천 관찰부모 불로불소

便降神下 應從右脇生。
변강신하 응종우협생

如我今日 右脇生無異 彌勒菩薩 亦復如是。
여아금일 우협생무이 미륵보살 역부여시

兜率諸天 各各唱令 彌勒菩薩 已降神生。
도솔제천 각각창령 미륵보살 이강신생

수범마의 아내는 범마월인데 옥녀 중에서도 가장 아름다워 하늘 임금의 왕비와 견줄 정도이다. 이 여인의 입에서는 우담바라 꽃과 연꽃의 향기가 나오고, 몸에서는 전단향 냄새가 풍긴다. 정숙한 부인이 갖추어야 할 온갖 자태를 빠짐없이 지녀 어디서도 이런 여인을 찾을 수 없다. 또한 이 여인에게는 어떠한 질병이나 어지러운 생각도 없다.

어느 날 미륵보살이 도솔천에서 늙어 보이거나 젊어 보이지도 않는 이 부모를 찾고는, 바로 도솔천에서 내려와 오른쪽 옆구리를 통하여 이 세상에 태어날 것이다. 내가 오른쪽 옆구리를 통하여 이 세상에 태어난 것과 같다.

그러자 도솔천의 하늘마다 풍악이 울리며 "미륵보살이 사바세계에 내려오셨다."라고 노래하며 찬탄할 것이다.

是時　修梵摩　卽與子立字　名曰彌勒。
시시　수범마　즉여자입자　명왈미륵

彌勒菩薩　有三十二相　八十種好　莊嚴其身　身黃金色。
미륵보살　유삼십이상　팔십종호　장엄기신　신황금색

爾時　人壽極長　無有諸患
이시　인수극장　무유제환

皆壽八萬四千歲　女人　年五百歲　然後　出嫡。
개수팔만사천세　여인　연오백세　연후　출적

爾時　彌勒在家　未經幾時　便當出家學道。
이시　미륵재가　미경기시　변당출가학도

爾時　去翅頭城　不遠有道樹　名曰龍花　高一由旬　廣五百步
이시　거시두성　불원유도수　명왈용화　고일유순　광오백보

時　彌勒菩薩　坐彼樹下　成無上道果。
시　미륵보살　좌피수하　성무상도과

當其夜半　彌勒出家　卽於其夜　成無上道　時　三千大千刹土
당기야반　미륵출가　즉어기야　성무상도　시　삼천대천찰토

六返震動[1]　地神各相告曰　今時　彌勒已成佛。
육반진동　지신각상고왈　금시　미륵이성불

---

1. 세간에 상서로운 일이 있을 때 국토가 여섯 가지 형태로 상서롭게 흔들리는 것을 말한다. 이른바 동쪽에서 솟으면 서쪽에서 가라앉고, 서쪽에서 솟으면 동쪽에서 가라앉으며, 남쪽에서 솟으면 북쪽에서 가라앉고, 북쪽에서 솟으면 남쪽에서 가라앉으며, 변두리에서 솟으면 복판이 가라앉고, 복판에서 솟으면 변두리가 가라앉는 것이다.

아들이 태어나자 수범마는 이름을 '미륵'이라고 짓는다. 미륵보살은 성스러운 모습 삼십이상을 갖추고 구석구석 아름다운 팔십종호로 장엄되었으며 그 몸은 황금빛을 띠게 된다.

그 시절 사람들의 수명은 대단히 길고, 어떠한 근심 걱정도 없으므로 모두 팔만사천 년을 살며, 여자들은 오백 세가 된 후에야 시집을 가게 된다.

3. 미륵 부처님의 성불과 설법

미륵보살은 얼마간 집에서 자라다가 출가해 도를 닦게 된다. 시두성에서 멀지 않은 곳에 높이는 한 유순, 둘레가 오백 보 되는 용화(龍花)라는 보리수가 있는데, 미륵보살은 그 용화수 아래에 앉아 무상도를 이룰 것이다.

한밤중에 미륵보살이 출가하여 무상도를 이룰 때, 삼천대천세계 모든 국토에서 온갖 상서로움을 상징하는 움직임이 있게 되니, 땅을 맡아 지키는 신들이 모두 서로에게 일러주기를 "지금 미륵보살이 성불하였다."라고 할 것이다.

轉至聞四天王宮　彌勒已成佛道。
전지문사천왕궁　미륵이성불도

轉轉聞徹三十三天　豔天　兜率天　化自在天　他化自在天
전전문철삼십삼천　염천　도솔천　화자재천　타화자재천

聲聞　展轉至梵天　彌勒已成佛道。
성문　전전지범천　미륵이성불도

爾時　魔王　名大將　以法治化　聞如來名　音響之聲
이시　마왕　명대장　이법치화　문여래명　음향지성

歡喜踊躍　不能自勝　七日七夜　不眠不寐。
환희용약　불능자승　칠일칠야　불면불매

是時　魔王　將欲界無數天人　至彌勒佛所　恭敬禮拜。
시시　마왕　장욕계무수천인　지미륵불소　공경예배

彌勒聖尊　與諸天人　漸漸說法　微妙之論。
미륵성존　여제천인　점점설법　미묘지론

所謂　論者
소위　논자

施論戒論　生天之論　欲不淨想　出要爲妙。
시론계론　생천지론　욕부정상　출요위묘

이 말이 사천왕 궁전까지 전해지고, 그 소문이 점점 퍼지면서 삼십삼천과 염마천·도솔천·화락천·타화자재천과 범천에 이르기까지 그 기쁨이 전해져 "미륵보살이 이미 불도를 이루었다."라고 찬탄할 것이다.

당시 대장군처럼 생긴 마왕이 바른 법으로 하늘을 다스리며 교화하고 있는데, 여래의 명호가 울려오는 소리를 듣고 뛸 듯이 기뻐하며 그 기쁨을 이기지 못해 이레 낮 이레 밤을 잠들지 못할 것이다. 마왕은 곧 욕계의 많은 천인을 이끌고 미륵 부처님이 계신 곳으로 가서 공경하며 예배를 올릴 것이다.

그러자 미륵 부처님은 모든 천인에게 차근차근 아름답고 미묘한 이치를 설법할 것이다. 이른바 그 내용은 모든 것을 아낌없이 베풀어야 한다는 보시, 깨끗하고 아름다운 삶을 살아야 한다는 계율, 하늘나라에 태어나는 법, 욕심은 청정하지 못한 생각이라는 이치를 드러낸 오묘한 가르침이다.

爾時　彌勒　見諸人民　已發心歡喜
이시　미륵　견제인민　이발심환희

諸佛世尊　常所說法　苦習盡道　盡與諸天人　廣分別其義。
제불세존　상소설법　고습진도　진여제천인　광분별기의

爾時　座上　八萬四千天子　諸塵垢盡　得法眼淨。
이시　좌상　팔만사천천자　제진구진　득법안정

爾時　大將魔王　告彼界人民之類　曰
이시　대장마왕　고피계인민지류　왈

汝等　速出家。
여등　속출가

所以然者　彌勒　今日　已度彼岸　亦當度汝等　使至彼岸。
소이연자　미륵　금일　이도피안　역당도여등　사지피안

爾時　翅頭城中　有長者　名曰善財
이시　시두성중　유장자　명왈선재

聞魔王教令　又　聞佛音響　將八萬四千衆
문마왕교령　우　문불음향　장팔만사천중

至彌勒佛所　頭面禮足　在一面坐。
지미륵불소　두면예족　재일면좌

미륵 부처님은 사람들이 모두 발심하며 기뻐하는 것을 보고, 모든 부처님께서 늘 설법하는 고집멸도(苦執滅道)의 이치를 모두 천인들에게 설하며 그 뜻을 자세하게 일러 줄 것이다. 그러면 그 자리에 있던 팔만사천 천인은 온갖 번뇌가 다 떨어져 법을 보는 안목이 청정해질 것이다.

그때 대장군처럼 생긴 마왕이 세상 사람에게 말한다.

"그대들은 어서 출가하시오. 왜냐하면 미륵보살님이 지금 성불하셨으니, 그대들을 제도하여 부처님의 세상으로 데려 갈 것이기 때문입니다."

시두성 안에 있는 선재라는 장자는, 마왕의 이 가르침과 미륵 부처님께서 성불할 때 난 상서롭게 땅이 울리는 소리를 듣고, 팔만사천 대중을 이끌고 부처님 계신 곳으로 나아 갈 것이다. 그리고 부처님께 엎드려 절을 올리고 한쪽에 물러나 앉아 법문을 들을 것이다.

爾時　彌勒　漸與說法　微妙之論
이시　미륵　점여설법　미묘지론

所謂　論者　施論戒論　生天之論　欲不淨想　出要爲妙。
소위　논자　시론계론　생천지론　욕부정상　출요위묘

爾時　彌勒　見諸人民　心開意解
이시　미륵　견제인민　심개의해

如諸佛世尊　常所說法　苦習盡道　與諸人民　廣分別義。
여제불세존　상소설법　고습진도　여제인민　광분별의

爾時　座上　八萬四千人　諸塵垢盡　得法眼淨。
이시　좌상　팔만사천인　제진구진　득법안정

是時　善財　與八萬四千人等
시시　선재　여팔만사천인등

卽前白佛　求索出家　善修梵行　盡成阿羅漢道。
즉전백불　구색출가　선수범행　진성아라한도

爾時　彌勒　初會　八萬四千人　得阿羅漢。
이시　미륵　초회　팔만사천인　득아라한

이들 모두에게 미륵 부처님은 차근차근 아름답고 미묘한 이치를 설법할 것이다. 이른바 그 내용은 모든 것을 아낌 없이 베풀어야 한다는 보시, 깨끗하고 아름다운 삶을 살 아야 한다는 계율, 하늘나라에 태어나는 법, 욕심은 청정 하지 못한 생각이라는 이치를 드러낸 오묘한 가르침이다.

미륵 부처님은 모든 사람의 마음이 열린 것을 보고, 모 든 부처님께서 늘 설법하는 것처럼 고집멸도(苦執滅道)의 이치를 모든 사람에게 설하며 그 뜻을 자세하게 일러 줄 것이다. 그러면 그 자리에 있던 팔만사천 명의 사람들이 모두 번뇌가 다 떨어져, 법을 보는 안목이 청정해질 것 이다.

이때 선재 장자는 이끌고 온 팔만사천 명의 사람들과 함께 부처님에게 출가하여 열심히 맑고 청정한 수행을 하여 모두 아라한의 도를 이룰 것이다. 미륵 부처님은 첫 법회에 서 팔만사천 명을 제도하여 아라한이 되게 하는 것이다.

是時　蠰佉王　聞彌勒已成佛道　便往至佛所　欲得聞法。
시시　상구왕　문미륵이성불도　변왕지불소　욕득문법

時　彌勒佛　與王說法　初善　中善　竟善　義理深邃。
시　미륵불　여왕설법　초선　중선　경선　의리심수

爾時　大王　復於異時　立太子　爲王　賜剃頭師珍寶。
이시　대왕　부어이시　입태자　위왕　사체두사진보

復以雜寶　與諸梵志　將八萬四千衆
부이잡보　여제범지　장팔만사천중

往至佛所　求作沙門　盡成道果　得阿羅漢。
왕지불소　구작사문　진성도과　득아라한

是時　修梵摩　大長者　聞彌勒已成佛道
시시　수범마　대장자　문미륵이성불도

將八萬四千梵志之衆　往至佛所　求作沙門　得阿羅漢[1]。
장팔만사천범지지중　왕지불소　구작사문　득아라한

唯修梵摩一人　斷三結使　必盡苦際。
유수범마일인　단삼결사　필진고제

---

1. 아라한은 성자의 한 분으로 열 가지 번뇌가 모두 사라진 분이다. 열 가지 번뇌는 내 몸이라는 집착[有身見]·계율
과 의식에 대한 집착[戒禁取見]·법에 대한 의심[疑]·감각적 욕망·악의(惡意)·색계에 대한 집착·무색계에 대한
집착·만(慢)·도거(掉擧)·무명이다.

전륜성왕은 미륵보살이 성불했다는 말을 듣자마자, 미륵 부처님이 계시는 곳으로 달려와 법문을 들을 것이다. 미륵 부처님이 왕에게 법문을 하니, 처음도 좋고 중간도 좋으며 마지막도 좋은 법으로 그 법의 뜻과 이치가 깊고 깊다.

전륜성왕은 태자를 왕으로 세우고 자신의 출가를 허락해 준 스승에게 진귀한 보배 공양을 올릴 것이다. 또 갖가지 수많은 보배를 많은 바라문에게 보시하고, 팔만사천 대중을 거느리고 부처님 계신 곳으로 가서 출가 수행자가 되니, 모두 도를 이루고 아라한이 될 것이다.

그 당시 미륵보살의 아버지 수범마 장자도 아들이 성불했다는 소문을 듣고, 팔만사천 바라문 대중을 데리고 부처님이 계신 곳으로 찾아가 출가 사문이 되어 아라한이 되고자 한다.

하지만 수범마 한 사람만 탐욕과 성냄과 어리석음을 다 끊고, 마침내 온갖 고통을 다 여의게 된다.

是時 佛母 梵摩越 復將八萬四千 婇女之衆 往至佛所 求作
시시 불모 범마월 부장팔만사천 채녀지중 왕지불소 구작

沙門。 爾時 諸女人 盡得阿羅漢 唯有梵摩越一人 斷三結
사문   이시 제여인 진득아라한 유유범마월일인 단삼결

使 成須陀洹[1]。
사 성수다원

爾時 諸刹利婦 聞彌勒如來 出現世間 成等正覺
이시 제찰리부 문미륵여래 출현세간 성등정각

數千萬衆 往至佛所 頭面禮足。
수천만중 왕지불소 두면예족

在一面坐 各各生心 求作沙門 出家學道
재일면좌 각각생심 구작사문 출가학도

或有越次取證 或有不取證者。
혹유월차취증 혹유불취증자

爾時 阿難 其不越次取證者 盡是奉法之人
이시 아난 기불월차취증자 진시봉법지인

患厭一切世間 修不可樂想。
환염일체세간 수불가요상

---

1. 열 가지 번뇌에서 욕계(欲界) 세상의 '내 몸이라는 집착[有身見]', '계율과 의식에 대한 집착[戒禁取見]', '법에 대한 의심[疑]'이 끊어져 성자의 흐름에 든 분이다.

미륵보살의 어머니 범마월 부인도 팔만사천 명의 아리따운 궁녀를 이끌고 부처님 계신 곳으로 가 출가 사문이 되는데, 그 가운데 부인 한 사람만이 탐욕과 성냄과 어리석음을 다 끊고 수다원이 된다.

그때 귀족계급인 찰제리 부인들도 미륵 부처님이 세간에 출현하여 깨달음을 이루었다는 소문을 듣고, 수천만 대중과 함께 부처님 계신 곳으로 찾아와 땅에 엎드려 절을 할 것이다.

그리고 가만히 한쪽에 앉아 저마다 출가하고자 하는 마음을 내어 도를 배우고자 할 것이니, 깨달음을 단숨에 증득하는 사람도 있고 그렇지 못한 사람들도 있다.

아난이여, 그때 단숨에 깨닫지 못한 사람들도 부처님의 법을 받드는 분들이니, 어떤 세간의 일에도 집착하지 않고 멀리하면서 즐거워도 즐겁다는 마음에 집착하지 않을 것이다.

爾時　彌勒　當說三乘之敎　如我今日。
이시　미륵　당설삼승지교　여아금일

弟子之中　大迦葉者　行十二頭陀　過去諸佛　所善修梵行　此
제자지중　대가섭자　행십이두타　과거제불　소선수범행　차

人　當佐彌勒　勸化人民。
인　당좌미륵　권화인민

爾時　迦葉
이시　가섭

去如來不遠　結加趺坐　正身正意　繫念在前。
거여래불원　결가부좌　정신정의　계념재전

爾時　世尊　告迦葉曰
이시　세존　고가섭왈

吾今年已衰耗　向八十餘。
오금년이쇠모　향팔십여

然　今如來有四大聲聞　堪任遊化　智慧無盡　衆德具足。
연　금여래유사대성문　감임유화　지혜무진　중덕구족

云何爲四。
운하위사

그때 미륵 부처님은 오늘날 나처럼 성문 연각 보살에 대한 가르침을 설할 것이다.

4. 가섭 존자와 미륵 부처님의 세 법회

제자 가운데 온갖 고행으로 청정한 삶을 살아가는 대가섭도 미륵 부처님을 도와 수많은 사람에게 부처님의 법을 따를 것을 권하면서 교화할 것이다. 그리고 미륵 여래와 멀지 않은 곳으로 가 결가부좌하고 몸과 마음을 바르게 하여 부처님 앞에서 선정에 들어갈 것이다.

세존께서 가섭에게 말씀하셨다.

"내가 이제 늙어 여든 살이 넘었다. 하지만 지금 네 명의 큰 제자가 있어 중생교화를 맡을 것이니, 그들의 지혜는 끝이 없고 온갖 공덕을 다 갖추었기 때문이다. 그들이 누구이겠느냐?

所謂 大迦葉比丘 屠鉢歎比丘 賓頭盧比丘 羅云比丘。
소위 대가섭비구 도발탄비구 빈두로비구 나운비구

汝等 四大聲聞 要不般涅槃 須吾法沒盡然後 乃當般涅槃。
여등 사대성문 요불반열반 수오법몰진연후 내당반열반

大迦葉 亦不應般涅槃 要須彌勒 出現世間。
대가섭 역불응반열반 요수미륵 출현세간

所以然者
소이연자

彌勒所化弟子 盡是釋迦文弟子 由我遺化 得盡有漏。
미륵소화제자 진시석가문제자 유아유화 득진유루

摩竭國界 毘提村中 大迦葉 於彼山中住。
마갈국계 비제촌중 대가섭 어피산중주

又 彌勒如來 將無數千人衆 前後圍遶 往至此山中
우 미륵여래 장무수천인중 전후위요 왕지차산중

遂蒙佛恩 諸鬼神 當與開門 使得見迦葉禪窟。
수몽불은 제귀신 당여개문 사득견가섭선굴

대가섭, 도발탄, 빈두로, 나운 비구이다.

그대들은 지금이 아니라 나의 법이 다 사라진 뒤에야 열반에 들어야 한다. 대가섭 또한 열반에 들지 말아야 하니, 미륵 부처님이 세간에 출현하는 것을 기다려야 하기 때문이다. 왜냐하면 미륵 부처님께서 제도할 제자들은 모두 석가여래의 제자이며, 미륵보살도 나의 가르침으로 온갖 번뇌를 여의었기 때문이다.

대가섭은 마갈다국 비제촌이라는 지역의 산중에서 머물도록 하라. 헤아릴 수 없이 많은 대중이 앞뒤로 미륵 여래를 에워싸고 이 산중으로 오는 날, 부처님께 은혜를 입은 귀신들이 닫힌 문을 열어 줄 때, 그 대중들은 이 산중의 굴속에서 선정에 들어가 있는 그대 모습을 보게 될 것이다."

是時　彌勒　申右手　指示迦葉　告諸人民。
시시　미륵　신우수　지시가섭　고제인민

過去久遠　釋迦文佛弟子　名曰迦葉。
과거구원　석가문불제자　명왈가섭

今日現在　頭陀苦行　最爲第一。
금일현재　두타고행　최위제일

是時　諸人　見是事已　歎未曾有
시시　제인　견시사이　탄미증유

無數百千衆生　諸塵垢盡　得法眼淨。
무수백천중생　제진구진　득법안정

或復有衆生　見迦葉身已
혹부유중생　견가섭신이

此名爲最初之會　九十六億人
차명위최초지회　구십육억인

皆得阿羅漢　斯等之人　皆是我弟子。
개득아라한　사등지인　개시아제자

所以然者　悉由受我訓之所致也
소이연자　실유수아훈지소치야

亦由四事因緣　惠施仁愛　利人等利。
역유사사인연　혜시인애　이인등리

그대를 본 미륵 부처님이 오른손을 뻗어 그대를 가리키며 모든 사람에게 말씀하실 것이다.

"이분은 과거 생 오래전부터 석가모니 부처님의 제자였던 가섭 존자이다. 오늘날에 이르러서도 고행을 실천하는 으뜸가는 수행자이다."

이때 모든 사람이 이 광경을 보고 일찍이 없던 희유한 일이라 찬탄하니, 헤아릴 수 없이 많은 중생이 온갖 번뇌를 다 없애고 법을 보는 청정한 안목을 얻을 것이다. 또 어떤 중생은 가섭을 보고 나서, 이 자리가 미륵 부처님의 첫 번째 법회로서 구십육억 명이 모두 아라한이 되었다고 말할 것이니, 이들 모두가 다 나의 제자이다.

왜냐하면 모두가 다 나의 가르침을 받았기 때문이며, 또한 그 가르침으로 남에게 은혜를 베풀며 어진 마음으로 사랑하고, 자기와 모든 사람을 이롭게 하는, 차별이 없는 부처님의 마음이 있기 때문이다.

爾時 阿難 彌勒如來 當取迦葉僧伽梨[1]著之。
이시 아난 미륵여래 당취가섭승가리 착지

是時 迦葉身體 奄然星散。 是時 彌勒 復取種種華香 供
시시 가섭신체 엄연성산   시시 미륵 부취종종화향 공

養 迦葉 所以然者。 諸佛世尊 有敬心 於正法故。
양 가섭 소이연자   제불세존 유경심 어정법고

彌勒 亦由我所 受正法化 得成無上 正眞之道。
미륵 역유아소 수정법화 득성무상 정진지도

阿難 當知。
아난 당지

彌勒佛 第二會時 有九十四億人 皆是阿羅漢
미륵불 제이회시 유구십사억인 개시아라한

亦復是我遺敎弟子 行四事供養之所致也。
역부시아유교제자 행사사공양지소치야

又 彌勒 第三之會 九十二億人
우 미륵 제삼지회 구십이억인

皆是阿羅漢 亦復是我遺敎弟子。
개시아라한 역부시아유교제자

---

1. 승가리는 범어 'samghati'의 음역으로 대의(大衣)라고 번역한다. 승려가 지녀야 할 옷 가운데 가장 예의를 갖춰
   야 할 때 입는 옷으로 설법하거나 탁발할 때 입는다.

그때 아난이여, 미륵 여래는 가섭의 가사를 받아 입을 것이다.

그리고 가섭의 몸은 갑자기 빛나는 별빛처럼 흩어지리라. 미륵 여래는 온갖 꽃과 향으로 가섭에게 공양할 것이니, 왜 그러한가? 부처님은 모두 바른 법을 공경하는 마음이 있기 때문이다. 미륵 여래도 나에게 받은 정법의 가르침으로 무상도를 이룬 것이다.

아난이여, 마땅히 알아야 한다. 미륵 부처님의 두 번째 법회 때 모이는 구십사억 명의 대중 역시 모두 아라한이 될 것이다. 이들 또한 나의 가르침을 받은 제자이며, 수행자들에게 필요한 옷, 음식, 방사, 치료약을 잘 공양 올리는 사람들이다.

미륵 부처님의 세 번째 법회 때 모이는 구십이억 명의 대중도 모두 아라한이 되며, 이들 또한 나의 가르침을 받은 제자이다.

爾時 比丘姓號 皆名慈氏弟子
이시 비구성호 개명자씨제자

如我今日 諸聲聞 皆稱釋迦弟子。
여아금일 제성문 개칭석가제자

爾時 彌勒 與諸弟子說法。
이시 미륵 여제제자설법

汝等比丘 當思惟 無常之想 樂有苦想。
여등비구 당사유 무상지상 낙유고상

計我無我想 實有空想。
계아무아상 실유공상

色變之想 靑瘀之想 膖脹之想 食不消想 膿血想。
색변지상 청어지상 방창지상 식불소상 농혈상

一切世間 不可樂想。
일체세간 불가요상

이 비구들의 성을 모두 자(慈)씨라고 하니, 이는 오늘날 성문들이 모두 석가모니 부처님의 제자라고 하는 것과 같다.

5. 미륵 부처님의 가르침과 공덕의 인연

미륵 부처님은 제자들에게 이렇게 법을 설할 것이다.

"그대 비구들이여, 세상의 모든 것이 다 덧없음을 생각해야 한다. 세상의 즐거움에는 반드시 고통이 따른다는 것을 알아야 한다.

'나'라고 하는 것에도 실재의 '나'가 없음을 생각하고, 모든 것이 실로 공(空)임을 생각해야 한다.

이 몸은 늘 변하므로 죽을 때 시퍼렇게 멍이 들고, 배는 부풀어 오르며, 음식조차 삭일 수 없어 피고름만 흐르는 것이라고 생각해야 한다. 이 세상의 온갖 덧없는 것은 즐거워할 만한 것이 아니라는 생각을 해야 한다.

所以然者　比丘　當知。
소이연자　비구　당지

此十想者
차십상자

皆是過去釋迦文佛　與汝等說　令得盡有漏　心得解脫。
개시과거석가문불　여여등설　영득진유루　심득해탈

若此衆中　釋迦文佛弟子　過去時　修於梵行　來至我所。
약차중중　석가문불제자　과거시　수어범행　내지아소

或復於釋迦文佛所　供養三寶　來至我所。
혹부어석가문불소　공양삼보　내지아소

或於釋迦文佛所　彈指之頃　修於善本　來至此間。
혹어석가문불소　탄지지경　수어선본　내지차간

或於釋迦文佛所　行四等心　來至此者。
혹어석가문불소　행사등심　내지차자

왜냐하면, 비구들이여 마땅히 알아야 한다. 이런 생각은 모두 과거 석가모니 부처님께서 그대들에게 설한 것으로 그대들이 번뇌를 다 없애 해탈하도록 하는 것이기 때문이다.

만약 이 대중 가운데 석가모니 부처님의 제자가 있다면, 과거 전생에 청정한 수행을 닦은 인연으로 내가 있는 곳으로 온 것이다.

또 어떤 이는 석가모니 부처님이 계시던 곳에서 삼보께 공양을 올린 공덕으로 내가 있는 곳으로 온 것이다.

또 어떤 이는 석가모니 부처님이 계시던 곳에서 아주 짧은 순간이나마 마음의 근본을 잘 닦은 인연으로 내가 있는 곳으로 온 것이다.

또 어떤 이는 석가모니 부처님이 계시던 곳에서 자비로운 마음, 평등한 마음, 기뻐하는 마음으로 살아온 공덕으로 내가 있는 곳으로 온 것이다.

或於釋迦文佛所　受持五戒　三自歸法　來至我所。
혹 어 석 가 문 불 소　수 지 오 계　삼 자 귀 법　내 지 아 소

或於釋迦文佛所　起神寺廟　來至我所。
혹 어 석 가 문 불 소　기 신 사 묘　내 지 아 소

或於釋迦文佛所　補治故寺　來至我所。
혹 어 석 가 문 불 소　보 치 고 사　내 지 아 소

或於釋迦文佛所　受八關齋法　來至我所。
혹 어 석 가 문 불 소　수 팔 관 재 법　내 지 아 소

或於釋迦文佛所　香華供養　來至此者。
혹 어 석 가 문 불 소　향 화 공 양　내 지 차 자

或復於彼聞法　悲泣墮淚　來至我所。
혹 부 어 피 문 법　비 읍 타 루　내 지 아 소

어떤 이는 석가모니 부처님이 계시던 곳에서 오계를 받아 지니고, 삼보에 스스로 귀의한 인연으로 내가 있는 곳으로 온 것이다.

어떤 이는 석가모니 부처님이 계시던 곳에서 수행도량을 세운 인연으로 내가 있는 곳으로 온 것이다.

또 어떤 이는 석가모니 부처님이 계시던 곳에서 낡은 절을 새로 고친 인연으로 내가 있는 곳으로 온 것이다.

또 어떤 이는 석가모니 부처님이 계시던 곳에서 팔관재법을 받아 지킨 인연으로 내가 있는 곳으로 온 것이다.

어떤 이는 석가모니 부처님이 계시던 곳에서 향과 꽃을 공양 올린 공덕으로 내가 있는 곳으로 온 것이다.

어떤 이는 석가모니 부처님이 계시던 곳에서 법문을 듣고 크게 감동한 인연으로 내가 있는 곳으로 온 것이다.

或復於釋迦文佛所　專意聽受法　來至我所。
혹부어석가문불소　전의청수법　내지아소

或復盡形壽　善修梵行　來至我所。
혹부진형수　선수범행　내지아소

或復有書寫讀誦　來至我所。
혹부유서사독송　내지아소

或復承事供養　來至我所者。
혹부승사공양　내지아소자

是時　彌勒　便說此偈
시시　미륵　변설차게

增益戒聞德　禪及思惟業
증익계문덕　선급사유업

善修於梵行　而來至我所。
선수어범행　이내지아소

어떤 이는 석가모니 부처님이 계시던 곳에서 마음 모아 법을 잘 들은 공덕으로 내가 있는 곳으로 온 것이다.

어떤 이는 석가모니 부처님이 계시던 곳에서 목숨이 다하도록 청정한 행을 잘 닦은 공덕으로 내가 있는 곳으로 온 것이다.

어떤 이는 석가모니 부처님이 계시던 곳에서 경전을 읽고 쓰고 외운 공덕으로 내가 있는 곳으로 온 것이다.

어떤 이는 석가모니 부처님이 계시던 곳에서 부처님을 섬기고 공양 올린 공덕으로 내가 있는 곳으로 온 것이다."

6. 미륵 부처님의 계송

설법을 마치고 미륵 부처님은 게송으로 말씀하실 것이다.

온갖 계율 잘 지키며 법문을 듣고
부처님의 마음자리 사유하면서
아름답고 깨끗한 삶 살아왔으니
오늘 바로 이곳으로 오게 되리라.

勸施發歡心　　修行心原本
권시발환심　　수행심원본

意無若干想　　皆來至我所。
의 무 약 간 상　　개 내 지 아 소

或發平等心　　承事於諸佛
혹발평등심　　승사어제불

飯飴於聖眾　　皆來至我所。
반 이 어 성 중　　개 내 지 아 소

或誦戒契經[1]　　善習與人說
혹송계계경　　선습여인설

熾然於法本　　今來至我所。
치 연 어 법 본　　금 내 지 아 소

釋種善能化　　供養諸舍利
석종선능화　　공양제사리

承事法供養　　今來至我所。
승 사 법 공 양　　금 내 지 아 소

---

1. 계경은 부처님의 경전 중 산문체의 경전을 말한다.

보시 권해 기쁜 마음 내게 해주며
부처님의 마음자리 닦아 가면서
다른 생각 전혀 없는 오직 한마음
이들 모두 이곳으로 오게 되리라.

차별 없는 평등심을 늘 가지면서
삼세 모든 부처님을 섬기고 살며
뭇 성현께 지극정성 공양 올리니
이들 모두 이곳으로 오게 되리라.

아름다운 가르침을 늘 외우면서
바로 익혀 남들에게 정성껏 알려
치열하게 법의 근원 밝혀 왔기에
오늘 바로 이곳으로 오게 되리라.

석가모니 제자로서 중생을 교화
부처님의 모든 사리 공양 올리며
법공양을 올리는 일 쉬지 않으니
오늘 바로 이곳으로 오게 되리라.

若有書寫經　　班宣於素上
약 유 서 사 경　　반 선 어 소 상

其有供養經　　皆來至我所。
기 유 공 양 경　　개 내 지 아 소

繒綵及諸物　　供養於神寺
증 채 급 제 물　　공 양 어 신 사

自稱南無佛　　皆來至我所。
자 칭 남 무 불　　개 내 지 아 소

供養於現在　　諸佛過去者
공 양 어 현 재　　제 불 과 거 자

禪定正平等　　亦無有增減。
선 정 정 평 등　　역 무 유 증 감

是故於佛法　　承事於聖衆
시 고 어 불 법　　승 사 어 성 중

專心事三寶　　必至無爲處。
전 심 사 삼 보　　필 지 무 위 처

온갖 경전 베껴 쓰고 책으로 펴내
온 누리에 빠짐없이 널리 알리니
부처님의 가르침을 공양한 공덕
이들 모두 이곳으로 오게 되리라.

고운 비단 온갖 보배 귀중한 것들
절과 탑에 남김없이 공양 올리며
제 스스로 부처님께 귀의를 하니
이들 모두 이곳으로 오게 되리라.

과거 현재 미래 모든 수행자의 삶
삼세 모든 부처님께 공양올린 이
부처님의 마음자리 차별이 없어
더하거나 덜한 마음 조금도 없네.

이 때문에 부처님의 깊은 법에서
끊임없이 뭇 성현을 받들고 섬겨
마음 모아 삼보님을 모시고 살면
부처님의 세상으로 가게 되리라.

阿難　當知。
아난　당지

彌勒如來　在彼衆中　當說此偈。
미륵여래　재피중중　당설차게

爾時　彼衆中　諸天人民
이시　피중중　제천인민

思惟此十想　十一姟人　諸塵垢盡　得法眼淨。
사유차십상　십일해인　제진구진　득법안정

彌勒如來　千歲之中　衆僧無有瑕穢
미륵여래　천세지중　중승무유하예

爾時　恒以一偈　以爲禁戒。
이시　항이일게　이위금계

口意不行惡　　身亦無所犯
구의불행악　　신역무소범

當除此三行[1]　速脫生死關。
당제차삼행　속탈생사관

---

1. 삼행은 삼업(三業)과 같은 의미로 몸과 입과 뜻으로 짓는 모든 행위를 말한다.

7. 부처님의 가르침을 따르다

"아난이여, 마땅히 알아야 한다.

미륵 여래께서는 저 대중 가운데서 이 게송을 설할 것이다. 그러면 그 대중 가운데의 천인들이 이런 가르침을 사유하여 천백 조 명의 헤아릴 수 없는 중생이 모든 번뇌를 다 떨구고, 부처님의 법을 보는 청정한 안목을 얻을 것이다.

미륵 여래께서 계시는 천년의 세월 속에서 어떤 수행자도 잘못을 저지르는 사람이 없으니, 그때도 항상 이 게송을 마음속에 품고 살기 때문이다.

　　입으로나 마음으로 나쁜 짓 않고
　　몸으로도 범한 계율 전혀 없기에
　　살아오며 짓는 죄업 모두 사라져
　　지체 없이 생사 관문 벗어나리라.

過千歲後　當有犯戒之人　遂復立戒。
과천세후　당유범계지인　수부입계

彌勒如來　當壽八萬四千歲
미륵여래　당수팔만사천세

般涅槃後　遺法　當在八萬四千歲。
반열반후　유법　당재팔만사천세

所以然者　爾時　衆生皆是利根。
소이연자　이시　중생개시리근

其有善男子　善女人　欲得見彌勒佛
기유선남자　선녀인　욕득견미륵불

及三會聲聞衆　及翅頭城　及見蠰佉王　并四大藏珍寶者。
급삼회성문중　급시두성　급견상구왕　병사대장진보자

欲食自然粳米者　并著自然衣裳　身壞命終　生天上者。
욕식자연갱미자　병착자연의상　신괴명종　생천상자

이렇게 천년의 세월이 흐른 뒤에는 부처님의 아름다운 삶을 망가뜨리는 사람이 있게 되니, 마침내 다시 계율을 정하게 될 것이다.

미륵여래의 수명은 팔만사천 년이고, 열반에 들어간 뒤에도 불법이 팔만사천 년 동안 그 세상에 머물러 있게 될 것이다. 왜 그런가 하면 그 당시 중생들은 모두 뛰어난 자질을 갖고 있기 때문이다.

이들 선남자 선여인은 미륵 부처님과 세 차례의 법회에서 깨달음을 얻은 성문과 엄청 큰 날개 모양의 도읍인 시두성과 전륜성왕의 네 곳간에 있는 진기한 보물을 보고 싶어 할 것이다.

저절로 생겨나는 멥쌀을 먹고 나무에서 제품로 자라나는 옷을 입고 싶어 하니, 이생의 삶이 다한 뒤에 도솔천에 태어날 사람들이다.

彼善男子 善女人 當勤加精進 無生懈怠
피선남자 선녀인 당근가정진 무생해태

亦當供養 承事諸法師 名花擣香種種供養 無令有失。
역당공양 승사제법사 명화도향종종공양 무령유실

如是 阿難 當作是學。
여시 아난 당작시학

爾時 阿難 及諸大會 聞佛所說 歡喜奉行。
이시 아난 급제대회 문불소설 환희봉행

이들은 게으름을 피우지 않고 부지런히 정진하며 공양을 올리면서 한마음으로 모든 법사를 섬길 것이다. 좋은 꽃과 향, 온갖 공양을 올려 부족함이 없게 할 것이다.

이와 같은 가르침을 아난이여, 마땅히 따라야 한다.”

부처님께서 설법을 마치자 아난과 모든 대중은 부처님의 말씀을 듣고 기뻐하며 가르침을 받들어 실천하였다.

원순 스님이 풀어쓰거나 강설한 책들

능엄경 1, 2   중생계는 중생의 망상으로 생겨났음을 일깨우며, 번뇌를 벗어나

                                     부처님 마음자리로 들어가는 가르침과 능엄신주를 설한 경전

규봉스님 금강경   금강경을 논리적으로 풀어가고 있는

                                     기존의 시각과 다른 새로운 금강경 해설서

부대사 금강경   경에 담긴 뜻을 부대사가 게송으로 풀어낸 책

야부스님 금강경   경의 골수를 선시로 풀어 가슴을 뚫는 문학적 가치가 높은 책

육조스님 금강경   금강경의 이치를 대중적으로 쉽게 풀어쓴 금강경 기본 해설서

종경스님 금강경   아름다운 게송으로 금강경 골수를 드러내는 명쾌한 해설서

함허스님 금강경   다섯 분의 금강경 풀이를 연결하여 꿰뚫어 보게 하면서

                                     금강경의 전개를 파악하고 근본 가르침을 또렷이 알 수 있게

                                     설명한 험허스님의 걸작

지장경   지장보살의 전생 이야기와 그분의 원력이 담긴 경전

연꽃법화경   모든 중생이 부처님이라는 혁신적인 내용을 담고 있으면서도

                                     고전문학의 가치를 지닌 경전

연경별찬   설잠 김시습이 『연꽃법화경』을 찬탄하여 쓴 글

한글 원각경   함허득통 스님이 주해한 원각경을 알기 쉽게 풀어쓴 글

초발심자경문   이 세상 모든 사람을 위한 마음 닦는 글

치문 1·2·3권   생활 속에서 가까이 해야 할 선사들의 주옥같은 가르침

선가귀감   경전과 어록에서 선의 요점만 추려 엮은 '선 수행의 길잡이'

큰 믿음을 일으키는 글 불교 논서의 백미로 꼽히는 『대승기신론 소·별기』 번역서

마음을 바로 봅시다 上下 『종경록』 고갱이를 추린 『명추회요』 국내 최초 번역서

선요	선의 참뜻을 일반 불자들도 알 수 있도록 풀이한 글
몽산법어	간화선의 교과서로 불리는 간화선 지침서
禪 스승의 편지	선방 수좌들의 필독서, 대혜 스님의『서장書狀』바로 그 책
절요	'선禪의 종착지로 가는 길'을 알려주는 보조지눌 스님의 저서
진심직설	행복한 마음을 명료하게 설명해 주는 참마음 수행 지침서
선원제전집도서	선과 교의 전체 내용을 체계적으로 정리한 참 좋은 책
무문관	선의 종지로 들어갈 문이 따로 없으니 오직 화두만 참구할 뿐.
정혜결사문	이 시대에 정혜결사의 뜻을 생각해 보게 하는 보조 스님의 명저
선문정로	퇴옹 성철 큰스님께서 전하시는 '선의 종착지는 어디인가?'
육조단경 덕이본	육조스님 일대기와 가르침을 극적으로 풀어낸 선종 으뜸 경전
돈오입도요문론	단숨에 깨달아 도에 들어가는 가르침을 잘 정리한 책
신심명·증도가	마음을 일깨워 주는 게송으로서 영원한 선 문학의 정수
한글 법보 염불집	불교 의식에 쓰이는 어려운 한문 법요집을 그 뜻을 이해하고 염불할 수 있도록 아름다운 우리말로 풀어씀
신심명 강설	신심명 게송을 하나하나 알기 쉽게 풀어 선어록의 이해를 돕는 간결한 지침서
선禪 수행의 길잡이	선과 교를 하나로 쉽게 이해하는『선가귀감』을 강설한 책
돈황법보단경 강설	육조스님 가르침을 간결하고 명료하게 담고 있는 책. 저자의 강설이 실려 있어 깊은 뜻을 쉽게 이해할 수 있는 책

독송용 경전 _   우리말 금강반야바라밀경

우리말 관세음보살보문품

약사유리광 칠불본원공덕경 및 사경본 약사경

보현행원품 사경본

원순 스님

해인사 백련암에서 성철 스님을 은사로 모시고 출가하여
해인사 송광사 봉암사 등 제방선원에서 정진하였다.
『명추회요』를 번역한 『마음을 바로 봅시다』『한글원각경』『육조단경』『선요』
『선가귀감』을 강설한 『선수행의 길잡이』 등 다수의 불서를 펴냈으며
난해한 원효 스님의 『대승기신론 소별기』를 『큰 믿음을 일으키는 글』로 풀이하였다.
현재 송광사 인월암에서 안거 중.

우리말 불설 미륵경

초판 발행 | 2021년 10월 20일
펴낸이 | 열린마음
풀어쓴이 | 원순

펴낸곳 | 도서출판 법공양
등록 | 1999년 2월 2일·제1-a2441
주소 | 110-170 서울시 종로구 삼봉로 81
두산위브파빌리온 836호
전화 | 02-734-9428
팩스 | 02-6008-7024
이메일 | dharmabooks@chol.com

ⓒ 원순, 2021
ISBN 978-89-89602-18-7

값 10,000원

부처님의 가르침을 올바르게 _ 도서출판 법공양